________________ 님의 소중한 미래를 위해

이 책을 드립니다.

유튜브보다
10배 쉬운
숏폼으로
억대 연봉 벌기

1분 이하 영상으로 돈 버는 숏폼러

유튜브보다 10배 쉬운 숏폼으로 억대 연봉 벌기

선가이드 지음

메이트북스

메이트북스 우리는 책이 독자를 위한 것임을 잊지 않는다.
우리는 독자의 꿈을 사랑하고,
그 꿈이 실현될 수 있는 도구를 세상에 내놓는다.

유튜브보다 10배 쉬운 숏폼으로 억대 연봉 벌기

초판 1쇄 발행 2024년 2월 1일 | **초판 2쇄 발행** 2024년 3월 1일 | **지은이** 선가이드
펴낸곳 (주)원앤원콘텐츠그룹 | **펴낸이** 강현규·정영훈
편집 안정연·정은미·최주연 | **디자인** 최선희
마케팅 김형진·이선미·정채훈 | **경영지원** 최향숙
등록번호 제301-2006-001호 | **등록일자** 2013년 5월 24일
주소 04607 서울시 중구 다산로 139 랜더스빌딩 5층 | **전화** (02)2234-7117
팩스 (02)2234-1086 | **홈페이지** matebooks.co.kr | **이메일** khg0109@hanmail.net
값 18,000원 | **ISBN** 979-11-6002-425-8 03320

이 세상에 위대한 사람은 없다.
단지 평범한 사람들이 일어나 맞서는 위대한 도전이 있을 뿐이다.

• 윌리엄 프레데릭 홀시(미 해군 사령관) •

수익 0원의 유튜버에서 숏폼러로 기존 월급의 5배를 벌었다!

3년 전만 해도, 통장에 월 수익 300만 원을 넘어보는 것은 먼 꿈처럼 느껴졌다. 그런데 지금은 월 수익이 1,100만 원을 넘어본 경험을 하고 있다.

3년 전 당시만 해도 연봉 3천만 원, 월 세후 실수령은 220만 원으로 한 달을 살아야 했다. 보험비, 통신비, 생활비, 대출이자를 빼면 남는 것이 거의 없었다. 서울에서의 내집 마련, 출산과 양육, 부모님의 노후 걱정을 생각하면 막막했다.

하지만 숏폼러가 되면서 기존 월급보다 2~5배 많은 추가 수익이 생기고 있다.

숏폼러는 1분 이하의 짧은 영상을 올리는 크리에이터를 말한다. 유튜브 쇼츠, 인스타그램 릴스, 네이버 클립, 틱톡 영상이 대표적인 숏폼 플랫폼이다. 숏폼러가 되어서 총 29만 팔로워의 좋아요와 댓글을 매주 1만 개 이상 받는다. 메일로 광고, 비즈니스 제안이 지속적으로 온다. 숏폼 영상은 24시간 사람들에게 추천되면서 달러 수익을 벌어주고 있다.

숏폼러가 되는 데는 투자금도 필요 없었다. 돈을 잃을 위험도 없었다. 사업처럼 거창한 준비를 할 필요도 없었다. 작업의 90% 이상을 스마트폰 하나로 하고 있다.

그러니 누구라도 오늘 바로 3시간 안에 숏폼을 시작할 수 있다. 기획력과 실행력이 있으면 된다.

나는 1년 동안 수익 0원의 유튜버였다. 과거에 월 30만 원을 버는 가난한 프리랜서였다. 그러나 지금은 달라졌다. 유튜버를 포기하고 숏폼러가 되어서 가능해졌다.

당시에 직면한 3가지의 큰 고통과 문제가 있었다.

1. 어떻게 월급 이상의 돈을 벌 수 있을까?
2. 어떻게 SNS 조회수와 팔로워를 늘려서 나의 영향력을 키울 수 있을까?
3. 어떻게 원하는 일을 하면서 돈을 벌고 살 수 있을까?

시행착오를 겪으면서 나의 3가지 문제를 숏폼으로 해결했다. 이 책을 제대로 읽는다면, 하루 만에 3년의 시간과 돈을 절약할 수 있다고 생각한다.

나는 숏폼 총 조회수 3.4억 회, 팔로워 총 29만 명의 인플루언서가 되었다. 유튜버로는 불가능했다. 지금 다시 한다고 해도 유튜버로는 불가능할 것이라 생각한다. 하지만 숏폼러가 되어서 가능했다.

그리고 회사에서 버는 돈의 300% 이상의 만족감을 느끼면서 수익을 얻고 있다. 왜냐하면 누가 시켜서 하는 일이 아니기 때문이다. 스스로 선택하고 성과를 얻는 일이다. 재미도 있다.

2021년 당시, 롱폼의 시대를 지나고 숏폼의 시대가 올 것이라고 나는 생각했다. 그래서 미리 준비하고 시작했다. 숏폼을 시작할 당시 수익은 지금의 1/100이었다. 그러나 멈추지 않았다. 사람들이 롱폼보다 숏폼 콘텐츠에 많은 시간을 소비할 것이기 때문이다. 그리고 대기업들이 숏폼 비즈니스에 적극적으로 참여하는 순간이 올 것이라고 생각했다. 현재를 기준으로 구글, 메타, 틱톡, 네이버, 카카오 같은 플랫폼 대기업들이 숏폼 콘텐츠를 서비스하고 있다. 또한 숏폼은 전세계 사람들이 관심을 쏟고 있다. 2021년 7월 26일에 개인 네이버 블로그에 작성해둔 글 '유튜브하지 말고 숏폼하세요'에도 이와 관련한 내용을 적어두었다.

현재 숏폼 상황은 어떨까? 아직 성장의 초반기라고 생각한다. 그래서 전혀 늦지 않았다. 다만 2024년이 지나면 늦을 수 있다. 시간이 지날수록 경쟁자가 많이 생길 것이다. 아직은 많은 기업, 연예인, 기관들이 숏폼을 시작하지 않았다. 하지만 앞으로는 숏폼 콘텐츠를 만드는 기업과 연예인들이 많아질 것이다. 숏폼을 보는 사람들의 숫자가 계속 증가하기 때문이다. 이 글을 읽고 있는 당신도 숏폼 영상을 많이 보고 있을 것이다.

2023년 '대학내일 20대연구소' 조사에 따르면 MZ세대의 81.2%가 숏폼 플랫폼 이용 경험이 있다고 답했다. 심지어 10대 후반~20대 중반에 해당하는 Z세대의 50% 이상이 매일 숏폼 콘텐츠를 시청한다고 응답했다. 그리고 20대~60대까지 전 연령층으로 숏폼 시청이 확대되고 있다. 유튜브도 같은 패턴으로 성장했다. 숏폼도 같은 길을 가고 있다. 그래서 이 글을 읽고 있는 당신도 숏폼 콘텐츠를 많이 보고 있을 것이다. 잦은 숏폼 시청이 숏폼에 관심을 가지게 된 계기가 되었을 것이다.

당신이 이 책을 읽고 숏폼을 시작한다면, 삶이 180도 달라질 수 있는 기회를 얻을 수 있다. 급속히 성장하는 산업에는 기회가 있기 때문이다. 숏폼 촬영법, 숏폼 영상 제작 방법, 숏폼 채널 제작, 숏폼 마케팅, 숏폼 브랜딩, 숏폼 퍼스널 브랜딩 등 숏폼 능력을 활용해서 할 수 있는 것들이 더 많아질 것이다. 다른 능력과 병행해서 쓸 수도 있다.

"숏폼러가 어떻게 될지 모르겠는가? 여기 그 미래가 있다."

나는 숏폼 채널을 5개 이상 도전했다. 실패를 쌓으면서 성공을 만들어나갔다. 100개 이상의 숏폼 채널을 분석했다. 450개 이상의 숏폼 영상을 제작했다. 숏폼 1:1 코칭, 숏폼 그룹 코칭, 숏폼 강의를 하면서 500명 이상의 사람들을 만났다.

이 과정에서 숏폼러로 성공하는 사람들의 공통점을 찾았다. 그리고 이것을 이론화했다. 누구나 최대한 쉽게 이해하고 따라할 수 있도록 이론을 만들었다. 만약에 나도 채널을 다시 만든다면 이 과정을 따를 것이다.

이 책에서 다루고 있는 것은 기술적인 내용이 아니다. 하나의 숏폼 플랫폼에서 통하는 노하우가 아니다. 유튜브 쇼츠, 인스타그램 릴스, 네이버 클립, 틱톡의 모든 숏폼 플랫폼에 적용된다. 숏폼 채널과 콘텐츠의 본질에 대해서 이야기한다. 그래서 숏폼 영상 1개를 제작해서 유튜브, 인스타, 틱톡, 네이버에 모두 업로드할 수 있다. 조회수를 늘려서 팔로워를 늘리고 수익을 높일 수 있다.

SNS 콘텐츠 중에 숏폼은 가장 효율적이고 강력한 콘텐츠다. 네이버에 글을 올려서는 조회수 수익이 생기지 않는다. 인스타에 사진을 올린다고 조회수 수익이 생기지 않는다. 하지만 1분 이하의 숏폼 영상은 유튜브, 네이버, 틱톡, 인스타그램에서 자격조건이 되면 모두 조회수 수익이 주어진다. 이처럼 숏폼은 4개의 플랫폼에서 자동화 수익을 얻는 획기적인 콘텐츠다.

"숏폼을 왜 시작하나요?"라고 질문하면, 10명 중에 9명은 수익을 얻고 싶어서 시작한다고 답한다. 나는 이것이 맞는 대답이라고 생각한다. 나도 숏폼으로 돈을 벌 수 있겠다고 생각해서 시작했다. 그리에이터로서는 수익도 생기고, 재밌는 영상 콘텐츠를 제작하면서 계속 발전할 수 있다. 시청자들은 가치 있는 숏폼 영상을 무료로 계속 볼 수 있다. 그에 따라 숏폼러의 수익도 늘어날 것이다.

숏폼으로 수익을 얻을 수 있는 방법과 노하우를 전달하고 있는 이 책은 다음과 같이 구성되어 있다. 1장에서는 선가이드의 숏폼 성장 스토리로 동기부여와 실행력을 높인다. 2장에서는 롱폼과 숏폼을 비교하고, 숏폼의 비전을 이야기한다. 3장에서는 숏폼 추월차선 10가지 공략법과 〈틱톡맨〉 채널의 사례를 소개한다. 4장부터는 숏폼러 레벨 이론으로 성공하는 숏폼러가 될 수 있는 방법을 제시한다. 마지막 부록에서는 숏폼을 시작할 때 사람들이 많이 묻는 질문 TOP 9와 실제 숏폼러들의 성공 사례를 전할 것이다.

이 책을 읽는다고 한 달 만에 높은 숏폼 수익을 바로 낼 수는 없다. 능력을 쌓고 숏폼 채널을 성장시키는 기간이 반드시 필요하다. 그러나 숏폼 수익을 얻는 시간을 50% 이상 단축시킬 수는 있을 것이다. 그런 점에서 이 책은 숏폼 시작과 레벨을 높이는 비법서라고 말할 수 있다. 뛰어난 숏폼러가 되는 여정에 여러분들을 초대한다!

감사의 글

책이 나오기까지 도움과 영향을 주셨던 고마운 분들에게 전하는 감사의 글입니다.

- 인생의 전환기에 천직을 찾을 수 있도록 따뜻한 마음과 용기를 전해주신 보라시골X서미순 나물연구소 서미순 소장님 감사합니다.
- 지식 사업에 대해 많은 도움과 대해 많은 도움과 항상 좋은 영향을 나눠주고 있는 안 선생님 감사합니다.
- 크리에이터의 성장 단계에서 좋은 기회를 주고 성장에 도움을 주었던 노마드 클로이님 감사합니다.
- 온라인 사업과 N잡의 시작에 대해서 잘 알려주시고 용기를 주신 허 대리님 감사합니다.
- 온라인 사업에 대한 정보와 경험을 전달해주시고 앞으로 나아갈 수 있도록 동기를 부여해주시는 포리얼님 감사합니다.
- 시작 단계에서부터 잘될 것이라고 큰 힘과 에너지를 주셨던 유선 형님 감사합니다.
- 글쓰기, 마케팅, 무자본 창업에서 큰 영향을 받았습니다. 새로운 생각을 하고 실행하며 이뤄나갈 수 있는 힘이 되었습니다. 역행자 자청님 감사합니다.

- 숏폼에 관련해 늘 새로운 기회와 인사이트를 주시는 순이엔티 박관용 본부장님 감사합니다.
- 숏폼 크리에이터로 잘 성장할 수 있도록 지원해주시고 사려 깊은 도움을 주시는 순이엔티 고동기 팀장님 감사합니다.
- 틱톡에서 진행하는 의미 있는 행사와 다양한 참여 기회를 주시는 것, 틱톡과 관련해 도움이 필요한 부분을 잘 알려주시는 것, 항상 잘되길 바라는 응원의 마음을 보내주시는 것, 틱톡 코리아 범준님, 우영님, 한내들님 항상 감사합니다.
- 숏성사의 성장을 위해서 함께 활발히 활동하며 돕고 있는 숏성사 크루의 체셔님, 룡지니님, 맛집남자님, 명랑님, 살림설렘님, 은밀한 리뷰주머니님, 민리님, 깔짝맨님, 쏘민님, 제리뽀님, 꿈꾸는 정비사님 감사합니다.
- 숏폼 그룹 코칭으로 함께하고 즐거웠던 동철님, 희나님, 영욱님, 언하님, 서현님, 승현님, 태종님, 민수님, 호겸님, 수연님, 현혜님, 현준님, 승우님, 소라님, 수민님, 도환님, 평현님, 기운님, 예진님, 유나님, 아람님, 선호님, 예지님, 현정님, 유미님, 민희님, 효석님, 석범님, 창호님, 효석님 감사합니다.
- 이 책이 나오기까지 좋은 제안해주시고 잘 만들어주신 메이트북스 관계자분들에게도 감사합니다.
- 숏폼에 대해서 나누고 함께 새로운 일을 하고 있는 호에게도 감사의 마음을 전합니다.
- 마지막으로 사랑스러운 아내 유진님과 우리 봄봄이와 부모님에게 사랑과 감사의 마음을 전합니다.

차례

1장

29만 팔로워와 월급의 5배가 되기까지

2장

숏폼과 롱폼의 차이점과 장단점 정확히 알기

3장

팔로워 29만 숏폼 채널을 최단기에 만든 10가지 방법

4장

숏폼 성장 3단계: 1만 숏폼러가 되는 가장 빠른 성장 단계 따라하기

5장

팔로워 10만 인기 숏폼러의 공통점 5가지와 꼭 알아야 할 숏폼 성장 법칙 3가지

6장

숏폼 성장 여덟 계단과 숏폼 비즈니스 역피라미드 만들기

SHORT FORM

1장

29만 팔로워와 월급의 5배가 되기까지

1장에서는 유튜버에서 숏폼러로 변신하면서 29만 팔로워와 월급의 5배가 되기까지의 스토리를 담았다.

첫 번째로 12년간 요리를 했지만 특별함이 없는 요리사였던 스토리에서 시작한다. 고등학교 때부터 배웠던 전공을 버리고 새로운 일에 도전하는 과정을 알 수 있다.

두 번째는 나의 천직을 고민하던 단계였다. 내가 가장 많은 시간과 돈을 투자했던 일을 고민했다. 저의 천직은 사람들에게 노하우와 정보를 알려주는 교육이다. 이것에 맞는 1인 기업가와 디지털 노마드에 도전한다.

세 번째는 망한 유튜버로서의 삶에 대한 이야기이다. 교육 프로그램을 홍보하기 위해서 유튜버를 시작했지만 구독자 120명 이상도 모으지 못했다. 시간만 투자하고 망했다. 왜 망한 유튜버가 되었는지를 이야기한다.

네 번째는 스마트폰으로 유튜버 시작하기이다. 스마트폰으로 유튜브를 시작하는 방법을 알려주는 채널을 하게 되었다. 유튜버를 하면서 힘들었던 부분을 알려주는 채널이었다. 이 채널은 구독자 1천 명을 넘어서 수익을 얻을 수 있었다. 교육과 연결시켜서 추가 수익도 얻게 되었다.

다섯 번째는 프리랜서로 결혼할 수 있을까 하는 것이다. 유튜버 프리랜서로 생활이 힘들었다. 직장과 병행하면서 활동할 수 있는 방법을 찾고 4년간 교제한 여자친구와 결혼을 할 수 있었다.

여섯 번째는 롱폼러에서 숏폼러로 변신한 이야기이다. 유튜버로 팔로워를 늘리고 수익을 높이는 것에 한계를 느꼈다. 100명이 유튜버를 시작하면 90명이 포기했다. 이 문제를 해결할 수 있는 것이 숏폼러라는 것을 깨닫게 되었다. 그래서 숏폼러로 전환하게 된다.

일곱 번째는 숏폼러가 되어서 직접 얻을 수 있던 것들을 알려드린다.

여덟 번째는 유튜버가 아닌 숏폼러로 시작할 것을 제안한다. 유튜버보다 쉽습니다. 빠르게 시작하고 경험할 수 있다. 숏폼러로 경험을 쌓고 이후에 롱폼 영상을 만들면 된다.

12년간 요리를 했지만 특별함이 없는 요리사

"너는 요리에 관심과 재능이 없는 것 같아."

"요리보다 다른 쪽에 더 관심이 있는 것 같아."

"다른 분야 일을 생각해보면 어떨까? 더 잘할 수 있을 거야."

머리를 틀어올려 묶은 음식 연구소 소장님이 내게 자주 해주시던 말이었다. 나는 명상센터에서 자연식 요리를 하고 있었다. 이곳의 음식 연구소 소장님과 1년 동안 같이 일했다. 내게 건넨 소장님의 진심 어린 조언이 12년간의 요리 경험을 포기하게 된 계기가 되었다.

중학생 시절에 특별활동(CA) 시간이 있었다. 매달 마지막 주 토요일에 하는 특별 수업이다. 나는 밥을 두 그릇씩 먹을 만큼 먹는 것을 좋아하는 학생이었다. 그래서 요리 특별 수업을 신청했다.

인천YMCA 요리 실습실에서 처음 요리를 배웠다. 20년이 지난 지금도 생각난다. 오코노미야키를 첫 실습에서 만들어 먹었다. 3인 1조가 되어서 직접 요리한 음식을 먹는 일이 재미있었다. 요리사가 되면 마음껏 내가 먹고 싶은 음식을 해먹을 수 있을 것이라고 생각했다. 그래서 중학생 때부터 요리사를 꿈꾸었다.

특성화 고등학교 조리과에 입학해서 17살 때부터 요리를 배웠다. 약 12년간 요리를 했다. 요리를 못하는 건 아니었지만 큰 관심과 재능이 없었다. 그리고 요리 일을 하면서 3년 이상, 10년 이상 경력이 많은 요리사 선배들을 만났다. 선배들의 그런 모습은 나의 미래 모습이었다. 그 선배들은 주말에도 쉬지 못했다. 하루 8시간 이상 서서 일했다. 그런데도 월급은 200만 원을 넘기도 힘들었다. 직책이 오른다고 월급이 크게 오르는 건 아니었다. 자신의 식당을 창업하는 꿈이 다들 있었지만 실행하지 못했다. 요리사가 창업을 하면 90%가 망했기 때문이다. 현실적인 요리사의 삶은 좋지 않았다.

2018년, 내가 요리사로 받았던 세후 월급은 179만 원이었다. 12년간 요리를 했지만, 특별함이 없었다. 내세울 만한 경력과 상장도 없었다. 결국 음식 연구소 소장님의 반복된 조언으로 나는 스스로를 돌아보게 되었다. '내가 요리사로 평생을 살 수 있을까?' 아니라는 답을 내렸다. 나는 12년의 경험과 경력을 요리 경력을 버리기로 했다.

"나의 천직은 무엇일까?"

'당신이 지금까지 가장 많은 시간과 돈을 쓴 것은 무엇인가요?'

천직을 찾을 수 있는 질문이라고 생각한다. 요리사가 아닌 다른 일을 찾아야 했다. 이 질문에 스스로 답했다. 34년간 살면서 가장 많은 시간과 돈을 쓴 것이 있다. 바로 교육비였다. 책과 강의에 가장 많은 돈과 시간을 쓰면서 500권 이상의 책을 샀다. 교육 및 강의비로 1천만 원 넘게 썼었다. 나는 배우는 것을 좋아했다.

'관련된 일이 뭐가 있을까?' 당시에 생각한 것은 '1인 기업가'와 '디지털 노마드'였다. 1인 기업가는 글쓰기와 강의를 한다. 자신의 전문성으로 스스로 기업이 되는 것을 뜻하는데, 당시에 대표적으로 구본형 작가님, 공병호 작가님이 있었다. 지금은 무자본 창업, 지식 창업의 형태로 발전되었다고 생각한다.

디지털 노마드는 시간과 장소에 구애받지 않고 온라인으로 일하는 사람들을 뜻했다. 2019년 당시, 디지털 노마드가 유행했다. 1인 기업가와 디지털 노마드의 형태를 합치면 나의 천직이 될 수 있다고 생각했다.

그런데 고민이 많았다. 직장과 월급이 없는 삶이었다. 1인 기업가와 디지털 노마드는 월급을 받지 않는다. 자신의 능력으로 수익을 만들어야 한다. '내가 이런 능력이 있을까? 먹고살 수 있을까? 부모님에게는 뭐라고 설명해야 할까? 도전하는 것이 맞을까?' 고민했다. 서른 살이 넘으면 회사에 재취업하기도 어려운 상황이기 때문이다.

고민이 생기면 나는 책을 읽는다. 책에는 스승님들이 있었다. 고민했던 문제를 풀 수 있는 힌트를 알려주었다.

당시 헤르만 헤세, 파울로 코엘료, 제러미 리프킨, 레프 톨스토이, 박경철, 채사장, 윤홍식, 유대경, 고도원, 이태현, 이지성, 조셉 캠벨 같은 작가들의 책에서 해답을 찾았다. 그리고 책 속에서 만난 스승님들의 스토리에서 희망과 용기를 얻었다.

나는 12년간의 경력을 포기하고 '1인 기업가+디지털 노마드'의 삶에 도전했다. 차이에듀케이션이라는 교육 회사에서 활동했다. 이곳에서 독서토론지도사 자격증을 얻었다. 이것을 계기로 독서 프리랜서 강사 일을 시작했다. 이 일을 10년 이상 할 수 있다고 생각했다. 내가 5년간 돈을 내면서 하던 활동이기 때문이다. 독서토론을 1회에 4시간 이상 할 정도로 이 일을 좋아했다.

1년에 365권을 읽은 독서 경험이 있다. 이 경험을 살려서 '나답게 독서법 만들기' 독서강의 프로그램을 만들었다. 강의와 독서토론이 결합된 과정이었다.

'강사'는 내가 한 번도 해보지 않은 경험이었다. 그래도 즐거웠다. 스스로 기획하고 만든 독서 프로그램이었기 때문이다. 이 프로그램의 참여자들은 행복과 만족을 느꼈다. 별 5개의 후기로, 좋은 평가도 받았다.

'1인 기업가+디지털 노마드'의 생활은 생각 이상으로 좋았다. 스타벅스에 가서 노트북으로 80%의 일을 할 수 있었다. 일하는 시간과 장소를 내가 선택할 수 있었다. 교육 프로그램이 끝나면 항상 참여자분들의 감사 인사와 카카오 선물 쿠폰을 받았다. 시작의 어려움은 있었지만 과정은 만족스러웠다.

그런데 큰 문제가 있었다. 경제적인 부분이다. 참여자 한 명당 5만 원의 참여비가 있었다. 4주 과정이었고, 최대 8명까지 참여했다. 한 달에 40만 원의 수익을 얻었다. 게다가 1기, 2기, 3기가 진행되면서 참여자 숫자는 7명, 6명으로 점점 떨어졌다. 프로그램은 마감이 되지 않았다. 월 수익은 계속 줄었다. 추가적인 수익을 얻기 위해서 객원기자, 글쓰기, 다른 프로그램을 진행했다. 그러나 10만 원 이상의 추가 수익을 얻기가 힘들었다. 프리랜서가 된 첫 달의 수익은 30만 원이었다. 1년간 월 수익 100만 원을 넘기기 힘들었다. 이대로는 지속할 수 없었다. 살아남을 수 없었다. 포기하기 싫었다. 다른 방법을 찾아야 했다.

망한 유튜버의 삶

2019년, 유튜브 열풍이 불었다. 나도 보란 듯이 유튜브를 시작했다. 내가 만든 독서토론 프로그램을 홍보하고 싶었다. 그래서 북튜버를 시작했다. 〈책 읽어주는 석선비〉 채널을 만들었다. 유튜브 영상은 내가 좋아하는 책을 읽어주는 주제였다. 얼굴은 나오지 않았다. 음성만 나와서 책을 읽었다.

8시간이 걸려서 만든 영상의 조회수는 100회를 넘기 힘들었다. 기획, 촬영, 편집까지 혼자 하는 것이 버거웠다. 6개월간 20개의 영상을 올렸는데, 구독자는 120명을 넘지 못했다. 유튜브 채널은 결국 망했다. 유튜브 채널을 성장시켜서 독서 프로그램 참여로 연결되는 것을 생각했지만 단 한 명도 연결되지 않았다.

상황은 계속 나빠졌다. 모아둔 돈이 계속 줄어들고 있었다. 제대로 된 수익이 없었기 때문이다. 도서관에서 파는 5천 원 백반값을 줄이고자 1천 원짜리 육개장 컵라면을 사먹었다. 친구들에게서 오는 연락을 받지 않았다. 친구들을 만나면 돈을 쓰기 때문이다. 휴대폰비가 연체되어서 끊어지는 상황도 종종 생겼다. 후불제 교통카드비가 밀렸다. 당시에 여자친구(현재의 아내)와의 데이트 비용이 없었다. 여자친구와 좋은 곳을 가지 못했고, 맛있는 것도 사먹지 못했다. 여자친구에게 언제나 미안한 마음이었다.

1년간의 프리랜서 생활은 힘들었다. 기본적인 생활이 힘들어지고 있었다. 유튜브도 망했다. 독서토론 강사도 비전이 없었다. 다시 취업도 하기 힘든 방랑자 신세였다. 경제적·사회적 죽음이 눈앞에 닥친 것이었다. 이렇듯 현실은 절망스러웠지만 나는 멈추지 않았다. 계속 해야 한다는 마음의 신호가 있었다.

'왜 안 될까?' 고민했다. 문제를 해결하는 과정에서 마케팅의 중요성을 알게 되었다. 마케팅을 공부하면서 내가 왜 실패했는지 힌트를 얻었다. 그리고 새로운 도전을 시작했다.

북튜버를 하던 시절, 스마트폰 하나로 채널 만들기부터 영상 업로드까지 전 과정을 진행했다. 편집을 할 수 있는 성능 좋은 컴퓨터가 없었다. 월마다 비용을 내는 고급 영상편집 프로그램을 쓸 수 없었다. 그래서 스마트폰 하나로 촬영, 편집, 업로드까지 진행하며 채널을 운영하는 방법을 배웠고 실행했다.

유튜브에 관심 있는 지인들이 내게 방법을 물어보았다. "스마트폰으로 어떻게 유튜브 해요? 유튜브 시작은 어떻게 해요?"

아이디어가 떠올랐다. '나처럼 스마트폰 하나로 유튜브를 시작하고 싶은 사람들을 위한 유튜브 채널을 만들어보자!' 그렇게 〈선가이드 - 스마트폰 가이드〉 채널이 탄생했다

당시에 유튜브 MCN회사서 트레져 헌터에서 진행하는 무료 교육을 3개월 동안 받았다. 유튜브를 시작하고 성장시킬 수 있도록 노하우를 알려주는 교육이었다.

아이디어와 교육이 합쳐서 새로운 시작을 할 수 있었다.

스마트폰으로 유튜브 시작하기

스마트폰으로 유튜브 채널 만들기, 스마트폰으로 섬네일 만들기, 스마트폰으로 영상 편집하기, 이런 영상들을 유튜브에 올렸다. 스마트폰+유튜브에 관련된 영상만 올렸다. 그랬더니 영상 조회수가 처음으로 1천 회를 넘었다. 구독자도 100명, 200명, 500명까지 점차 올랐다. 구독자 증가가 눈에 보였다. 유튜브 수익창출 기준인 구독자 1천 명, 시청 지속시간 4시간은 안 되었다. 그래서 유튜브 수익은 얻지 못했지만 가능성을 보았다.

당시 유튜브 공부를 많이 했다. 유튜브에 있는 강의 영상 100개 이상을 보았고, 유튜브 주제 교육영상을 다 찾아보았다. 서점에 있는 유튜브 관련 책도 10권 이상 읽었을 정도로 열심이었다. 그리고 유튜브 공부를 하면서 알게 된 채널이 있었다. 바로 〈N잡하는 허대리〉 채널이다. 1개의 직업으로 돈을 버는 방법이 아닌 다양한 수익을 만들 수 있는 부업을 알려주는 채널이었다.

나는 유튜브를 주제로 N잡러를 해야겠다고 생각했다. 허대리님 채널에 나온 방법을 실행했다. 탈잉, 프립 같은 재능 플랫폼 사이트에서 수업을 진행하는 것이었다. 재능 플랫폼 사이트는 영상 편집하는 법, 블로그 하는 법 등의 서비스를 판매할 수 있는 플랫폼이다.

탈잉에 '3시간 만에 스마트폰으로 유튜브 시작하는 방법'이라는 제목으로 1 : 1 교육 프로그램을 올렸다. 1시간에 9천 원으로 시작했다. 강의비, 장소 대관비, 교통비를 따지면 손해였다. 하지만 1 : 1로 만나는 분들에게 정성을 다했다. 3시간 동안 채널 개설, 영상 편집, 업로드까지 다 할 수 있도록 해드렸다. 다행히 참여자분들의 만족감이 높았다. 별 5개의 후기가 20개 이상 쌓였다. 계속 신청이 늘었다. 시간이 없었기에 가격을 올렸다. 1년이 지난 후에는 1회당 14만 원까지 가격을 올릴 수 있었다.

요리사를 그만둔 이후, 첫 성공 경험이었다. 가능성이 보였다. 더 성장하고 싶어서 멘토들을 직접 찾아 다녔다. 나보다 먼저 경험하고 성과를 만든 크리에이터, 인플루언서, 사업가들을 만났다. 노마드클로이님, 포리얼님, 안 선생님, 자청님의 콘텐츠와 사업을 보면서 배웠다. 그들을 직접 만나서 조언도 들었는데 강력한 동기부여가 되었다. 직간접적으로 도움을 받았던 감사한 분들이다.

전자책 제작, 온라인 동영상 판매, 스마트 스토어, 1 : 1 코칭, 블로그, 인스타그램 등 추가적으로 온라인 사업을 하는 방법을 배우고 경험했다. 현재 하는 일과 연결해서 할 수 있는 것을 다 해보았다.

1년이 걸려서 유튜브 구독자도 1천 명을 넘었다. 드디어 수익창출 채널이 되었다. 유튜브 수익은 월 5만 원을 넘지 못했지만 유튜브를 보고 유튜브 1:1 수업을 신청했다. 수업을 들었던 분들이 유튜브 구독을 했다. 이렇게 선순환이 되었다. 유튜브를 시작한 지 1년 6개월이 지나서야 얻고 싶었던 결과를 얻게 되었다.

프리랜서로 결혼할 수 있을까?

유튜브 수익, 1:1코칭 수익, 전자책 판매 등, 작은 성과가 쌓이고 있었다. 그러나 문제가 있었다. 당시에 3년을 사귄 여자친구가 있었다. 결혼을 하고 싶었다. 그런데 수익이 일정하지 않은 프리랜서였다. 월급만큼의 수익도 없었다. 불안정한 프리랜서 생활을 하면서 결혼하자고 프로포즈를 할 수는 없었다.

그렇지만 유튜브도 포기할 수는 없었다. 결혼도 그랬다. 그래서 방법을 생각해냈다. 취업을 하고 유튜브 활동을 병행하는 것이었다. 퇴근 후 시간과 휴일을 활용하는 것이었다.

관심 있는 기업에 취업했다. 매달 고정적인 월급이 들어오니 유튜브 관련 활동이 더 잘되었다.

직장생활도 열심히 할 수 있었다. 월 수익에 스트레스 받지 않고

무리하게 일을 하지 않아도 되었다. 그리고 마침내 사랑하는 아내와 결혼할 수 있었다.

월 30만 원이었던 수익이 200만 원, 300만 원, 400만 원까지 올랐다. '스마트폰으로 유튜브 시작하기'를 주제로 활동하면서 몸값도 올랐다. 온라인 퍼스널 브랜딩이 되었다. 기업, 단체, 개인으로부터 강의 요청이 들어왔다. 대기업에서 진행하는 한 시간에 100만 원짜리 강의에도 강사로 참여했다. 1일 3만 원에서 한 시간 30만 원으로 몸값이 올라가는 뿌듯한 경험이었다. 그리고 수강생분들을 만나 유튜브 시작의 고민을 해결해줄 수 있었다.

"유튜브 시작을 어떻게 할지 고민만 하고 있었는데, 선가이드님 덕분에 3시간 만에 시작할 수 있었어요."

"유튜브를 어떻게 시작할지 감이 잡히지 않았는데, 선가이드님 덕분에 유튜브를 실행할 수 있었어요. 감사해요."

"선가이드님 덕분에 유튜브를 시작했고, 구독자가 1천 명이 넘어서 드디어 수익을 얻기 시작했어요."

시간이 지날수록 유튜브 운영 능력은 계속 상승했다. 구독자는 점점 늘어서 3천 명이 되었다. 내가 그렇게도 원했던 유튜버의 모습이 되어가고 있었다.

그런데 극복하지 못한 큰 문제가 있었다.

롱폼러에서 숏폼러로

'스마트폰으로 유튜브 시작하기'를 주제로 온라인과 오프라인으로 약 1천 명을 직간접적으로 도왔다. 그런데 큰 고민이 있었다. 유튜브에 관심 가졌던 90%가 시작을 못하고 지속도 못했다. 배워서 시작을 해도 구독자 1천 명을 모으지 못했다. 유튜브 구독자 1천 명을 모아서 수익을 얻을 수 있었지만 월급 이상의 수익을 얻지는 못했다. 1천 명 중에 1%인 10명 정도만 계속 유튜브를 지속했고 성공했다.

유튜브는 혼자서 지속하는 게 너무너무 어려웠다. 기획, 촬영, 편집, 채널 운영, 마케팅, 디자인, 스피치, 트렌드. 모든 능력을 균형 있게 가지고 있어야 했다. 이 능력이 원래 없었다면 얻는 데까지 1년 이상의 시간이 걸렸다. 99%는 이 능력을 쌓기까지 유튜브를 지속하지 못했다.

유튜브 지속이 힘든 데는 이유가 있다. 유튜브 영상 한 개를 올리면 조회수 100회를 넘지 못한다. 6시간을 투자해서 만든 영상의 조회수가 100회를 넘지 못하기에, 보통은 쉽게 좌절한다. 영상을 10개 이상 올렸는데, 팔로워와 조회수가 오르지 않으면 포기하게 된다. 원하던 유튜버의 모습이 되지 못하고, 결국 자신을 탓하면서 멈추게 된다.

나는 내 도움을 받는 이들의 유튜브 활동이 그렇게 쉽게 끝나는 것을 원치 않았다. 한 달에 300만 이상 수익을 얻고 크리에이터로 성공할 수 있도록 돕고 싶었다. 이것이 당시 나의 가장 큰 고민이었다.

나의 문제도 있었다. 나는 촬영, 편집, 업로드까지 스마트폰으로 모든 과정을 진행했다. 유튜브 평균 영상의 길이는 5~10분이었다. 혼자서 모든 작업을 하다보니 한 개 영상을 제작하는 과정이 너무 힘들었다. 시간은 2~7시간씩 걸렸다. 그래서 영상 업로드 주기도 길었다. 영상을 제작하려면 걱정이 앞섰다. 만들기가 싫었다. 시간이 지날수록 유튜브 영상 제작은 부담이 되었다. 나 혼자서 모든 것을 다 했기 때문이다.

2021년경 유튜브가 돈이 된다는 사실이 알려졌다. 너도나도 유튜브에 관심을 가졌다. 직장인 2대 허언이 '퇴사하기, 유튜브하기'가 될 정도였다. 많은 사람이 유튜브를 시작했다. 그리고 얼마 후 사람들은 현실을 직시했다. 직장을 다니면서는 유튜브를 시작하는 것도 어렵고, 키우는 것도 어렵다는 것을 깨닫게 된 것이다. 그러자 유튜브 열풍은 잠잠해졌다. 유튜버가 되고 싶은 사람들이 점점 줄었다. 〈선가이드〉 채널의 구독자와 조회수 성장도 떨어졌다. 전자책, 강의, 코칭 문의도 줄었다. 유튜브에는 다음과 같은 3가지 벽이 있었다.

- 시작하고 성장시키기가 어렵다.
- 사람들의 관심도가 이전보다 떨어지고 있다.
- 수익이 생기더라도 지속하기 힘들다.

이 문제의 벽을 뚫은 수 있는 방법을 고민했다. 그리고 결국 찾게 되었다. 유튜브 롱폼이 아니라 틱톡, 유튜브 쇼츠, 인스타그램 릴스 '숏폼'이었다. 숏폼은 '1분 이하의 세로형 영상'을 뜻한다.

2021년까지 숏폼은 사람들에게 잘 알려지지 않았다. 숏폼의 단어를 몰랐다. 설령 알아도 금방 사라지는 서비스가 될 것이라고 생각했다. 하지만 나는 숏폼에서 가능성과 미래를 보았다. 내가 그렇게 낙관하는 데는 이유가 있었다.

- 사람들이 긴 영상보다 짧은 영상을 많이 보게 될 것이다.
- 2021년 전 세계 다운로드 1위가 숏폼 플랫폼인 틱톡이다.
- 숏폼은 스마트폰으로 만들기 쉽고, 1시간 이내로 빨리 만들 수 있다.
- 스마트폰은 가로보다 세로 영상이 보기 좋다
- 숏폼은 계속 보게 하는 중독성과 재미가 있다.
- 숏폼은 10~20대가 많이 보고, 세상의 모든 유행은 10대들의 관심에서부터 시작된다.

2021년 당시에 숏폼 관련 강의나 책은 찾기 힘들었다. 배울 수 없으니, 내가 직접 해볼 수밖에 없었다. 숏폼 세계에 깊숙이 들어가기로 했다. 숏폼 채널을 직접 시작하고 실험했다. 유튜브 롱폼 영상을 숏폼 형태로 바꿔서 틱톡에 올렸다. 그러자 일주일 만에 팔로워가 1천 명이 넘었다. 조회수 400회의 유튜브 롱폼 영상을 세로형의 숏폼으로 재편집해서 올리자 40만 조회수가 나왔다. 유튜브 구독자 400명 채널이 틱톡에서는 팔로워 7천 명이 되었다.

이런 경험으로 확실해졌다. 숏폼은 시간 투자 대비 롱폼보다 10배 이상의 성과가 나왔다. 그래서 본격적으로 숏폼 채널을 키우기로 했다. '스마트폰 유튜브 시작' 선가이드에서 '숏폼 가이드' 선가이드로 변신했다.

숏폼러가 되어서 얻을 수 있던 것들

선가이드 틱톡 채널에 숏폼 정보와 노하우 영상을 올렸다. 그러자 한 달 만에 팔로워가 1천 명을 넘었다. 쇼츠를 올린 유튜브 채널의 구독자는 1만 명을 넘었다.

영상을 만들면서 계속 숏폼에 대해 공부하고 경험을 쌓았다. 그리고 1년의 경험과 노하우로 숏폼 PDF 전자책을 직접 만들었다. '10가지 숏폼 노하우'를 정리한 전자책이었다. 10가지의 숏폼 이론을 담았다.

이 전자책에 대한 반응이 좋았다. 전자책 판매 사이트와 블로그에 올리지마자 50권 이상이 판매되었다. 전자책 후기가 궁금해 전자책 구매자 분들에게 메일을 보냈다. 전자책 피드백에서 실질적인 사례가 있으면 좋겠다는 독자들의 피드백이 있었다. 그래서 숏폼 10가지

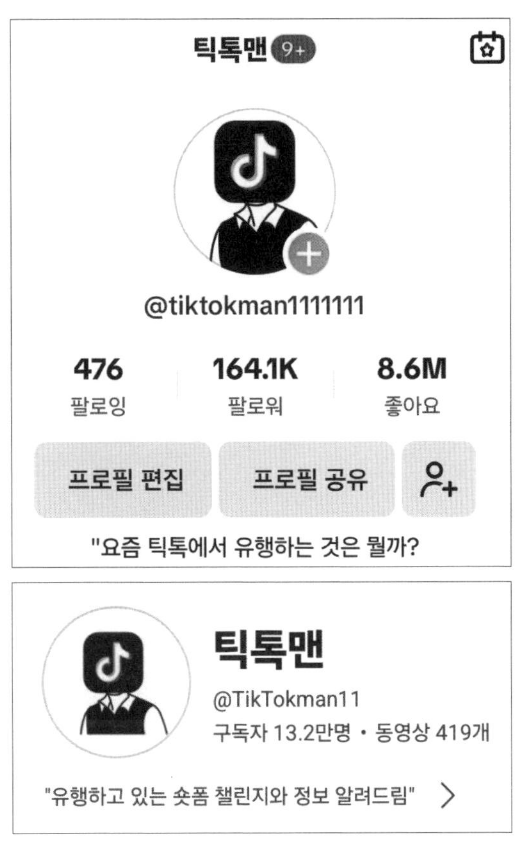

노하우를 그대로 채널에 적용해서 새로운 숏폼 채널을 만들었다. 이 채널이 현재 틱톡 팔로워 16만 명, 총 조회수 2억 회, 유튜브 구독자 13만 명인 〈틱톡맨〉 채널이다.

10가지 숏폼 노하우를 적용해서 〈틱톡맨〉 채널을 시작했다. 그러자 첫 영상부터 조회수가 90만 회나 나왔다. 일주일 만에 팔로워 1천 명이 넘었고, 한 달 만에 1만 팔로워가 넘었다. 지금도 이 채널은 계속 성장하고 있다. 1년간의 경험으로 만든 노하우는 단순히 이론이 아니었다. 실전적인 결과를 만들 수 있는 방법이었다. 이것이 증명한 것이다.

이를 '숏폼 추월차선 10가지 공략집'으로 네이밍해 전자책을 냈다. 이 전자책은 네이버 블로그와 전자책 사이트에서 400권 이상 판매되었다. 그리고 숏폼 추월차선 공략집(핵심본)으로 핵심적인 부분의 전자책을 무료로 배포하고 있다. 현재 1,047명 이상이 전자책을 무료로 받아갔다.

숏폼에 대한 정보가 부족해 숏폼 커뮤니티를 찾았다. 노하우를 얻고 소통하기 위해서였다. 그런데 제대로 된 네이버 카페, 카카오 단톡방이 없었다. 그래서 직접 만들었다. 숏폼으로 성공하는 사람들인 '숏성사'의 시작이었다.

2022년 3월에 숏성사 네이버 카페를 개설했다. 숏폼 시작과 성공을 원하는 숏폼러들의 모임이었다. 지금은 회원수는 2천 명이고, 단

톡방에는 1,200명 이상 있다 있다. 숏폼의 최신 정보, 노하우, 무료 특강과 관련해 소통하고 함께 성장하고 있다.

숏폼러로 활동하니 제안이 왔다. 온라인 클래스 사이트인 라이프해킹스쿨에서의 강의 론칭 제안이었다. 그리고 크라우드펀딩 플랫폼인 와디즈의 PD님에게서 와디즈 펀딩 제안이 왔다. 2개의 제안을 합쳐서 '숏폼 동영상 강의+전자책'을 주제로 펀딩을 진행했고, 6,335% 성공으로 3,200만 원의 매출을 달성했다.

월 수익 30배 올린 노하우
SNS 초고소득 스킬
숏폼 공략집!
펀딩성공
6335 % 달성
31,678,000 원 펀딩
224 명의 서포터
[5.0만점] 똑같은 영상으로 조회수 10배? 틱톡/릴스/쇼츠 마스터하기 프로젝트는 소중한 서포터들의 펀딩과 응원으로 2022.11.15에 성공적으로 종료되었습니다.

틱톡 채널을 성장시키고 있던 중에 기쁜 소식도 있었다. 틱톡 시즌2에서 가장 빠르게 성장한 채널에 상을 주는 시상식을 진행했는데, 내가 루키 1등으로 상을 받았다. 틱톡과 관련한 활동을 하면서 틱톡 광고 및 미팅에 참여했다. 이것이 인연이 되어서 틱톡 아카데미 1기의 정식 강사로 참여했다. 팔로워 1만 이상의 틱톡 크리에이터 100명이 참여하는 프로그램이었다. 틱톡 글로벌 CEO 쇼우지 추님이 한국을 방문했을 때는 대표 틱톡 크리에이터로서 함께 이야기를 나누고 파티에도 참여할 수 있었다. 이를 통해 숏폼의 시작인 틱

톡과 관련해서 많은 경험과 정보를 쌓을 수 있었다.

숏성사 커뮤니티를 운영하면서 숏폼에 관한 코칭 요청이 있어 숏폼 그룹 코칭 프로그램을 만들어서 진행하고 있다. 이 프로그램은 총 8명의 그룹원을 모아서 4주간 숏폼 분석, 기획, 제작, 업로드, 성장까지 오프라인으로 진행하는 프로젝트다. 현재 0기부터 3기까지 진행했다. 참여만 하면 무조건 시작할 수 있다. 코칭에 참여한 그룹원을 소개하자면 다음과 같다.

- 리뷰 채널 구독자 0명에서 총 27만 채널 성장 → 퇴근후살림님
- 팔로워 500명에서 5.6만 명으로 채널 성장 → 어니 코치님
- 100만 회 조회수를 기록한 부동산 릴스 영상 한 개로 팔로워 2만 명 증가 → 연대리님

그룹 코칭으로 끝나는 것이 아니라 추가적인 챌린지, 단톡방, 정보 나눔을 하고 있다.

숏폼으로 팔로워를 늘리고 영향력을 높일수록 많은 기회와 수익이 생긴다. 조회수 수익, 광고 수익, 제휴 수익, 음원 수익, 판매수익, 강의 수익의 다양한 수익화가 가능하다. 2023년 12월 기준으로 월급 5배를 넘은 1,100만 원의 수익이 통장에 들어왔다. 나뿐만이 아니다. 숏폼으로 새로운 인기 인플루언서가 되는 크리에이터들이 많아지고 있다. 억대 연봉의 수익을 추측할 수 있는 크리에이터들이다. 닛몰캐쉬, 김한강, 김모이, 미남재형, 1분요리 뚝딱이형, 빵먹다

살찐떡, 고로켓 등 다 적을 수 없을 정도로 많다. 모두 숏폼 크리에이터들이다. 그리고 인플루언서가 아니라도, 자신의 사업을 마케팅하기 위한 채널들이 있다. 유명하지 않아도 상품을 판매해서 매출을 높일 수 있다. 그것이 바로 숏폼 마케팅과 브랜딩이다.

틱톡, 유튜브 쇼츠, 인스타그램 릴스, 네이버 클립, 카카오, 당근 스토리. 플랫폼 대기업들이 모도 숏폼 서비스를 시작하고 발전시키고 있다. 유튜버에서 숏폼으로 변신하면서 팔로워, 영향력, 수익이 10배 이상이 되었다. 그리고 현재 진행형이다.

이 책을 읽는 당신도 숏폼러가 되어보아야 한다. 기회는 사람과 기업이 모이는 곳에 있다. 현재 숏폼은 사람과 기업이 몰려들고 있다. 숏폼을 해보지 않고는 모른다. 직접 해봐야 한다. 그리고 영상의 시청자가 아니라 생산자가 되어야 한다. 이것이 당신의 삶을 10배 빠르게 성장시킬 것이다.

시작은 유튜버가 아니라 숏폼러로!

나는 롱폼 유튜버로서는 실패했다. 구독자가 모이지 않았다. 유튜브 수익도 월 2만 원이었다. 그래서 유튜브를 지속하지 못했다. 하지만 과감하게 숏폼러로 변신하면서 상상 이상의 성과와 영향력을 얻고 있다.

최근 28일을 기준으로 틱톡 1천 700만 회, 유튜브 쇼츠 1천만 회, 인스타그램 릴스 460만 회의 조회수를 찍었다. 총 3천 160만 회이다. 중복이 있겠지만, 한 달 동안 대략적으로 3천만 명이 영상을 본 것이다. 숏폼 콘텐츠로서는 상상 이상의 영향력이다.

당신도 유튜버가 아니라 숏폼러가 먼저 되었으면 한다. 사람들은 긴 영상보다 짧은 영상에 시간을 더 많이 쓰고 있다. 숏폼러는 지상파TV, 연예인, 기업과 경쟁해야 하는 유튜버가 아니다. 숏폼은 많은

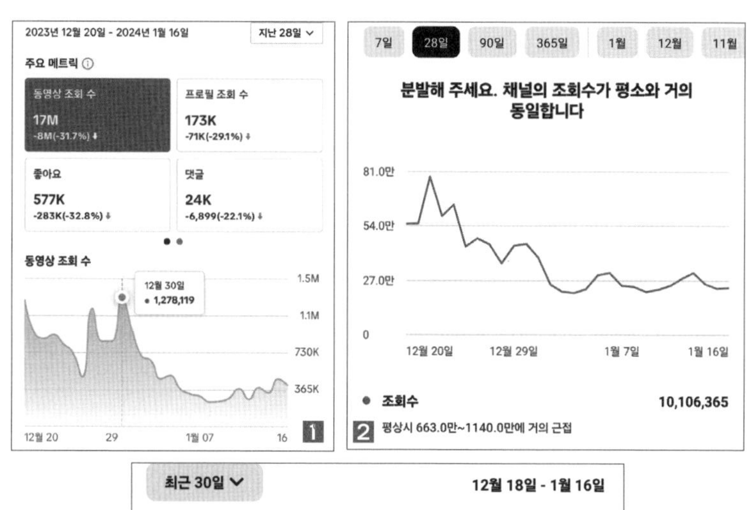

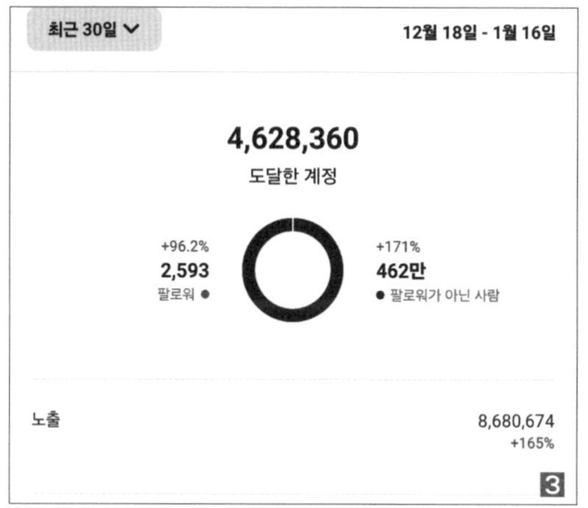

▲ ① 틱톡 조회수, ② 쇼츠 조회수, ③ 릴스 조회수

제작비를 사용하는 롱폼처럼 돈으로 경쟁하지 않는다. 스마트폰 한 개로 혼자 시작하고 성장할 수 있다. 나는 지금도 숏폼 영상 제작과 채널 운영의 80% 이상을 스마트폰으로 하고 있다. 다른 숏폼러들도 비슷하다. 숏폼을 제작하면서 롱폼 영상을 제작하는 시간과 노력의 80% 이상을 줄였다.

유튜버를 버리고 숏폼러로 변신해서 총 팔로워 29만 명과 기존 월급의 5배 수익을 얻기까지의 이야기를 1장에서 해드렸다. 이를 통해서 동기부여를 받으실 수 있었을 것이다. 그리고 숏폼에 대해서 아셨을 것이다.

자, 이제부터는 실전적으로 성공하는 숏폼러가 되는 방법을 알려드릴 것이다. 3년간의 숏폼 경험을 아낌없이 공개해 당신의 시간과 노력을 확 줄여드리고자 한다.

도전, 최고의 숏폼러!

숏폼러로 이루고자 하는 모습을 적어보세요. 글로 적으면 구체적으로 생각하게 되고 실행할 수 있게 됩니다.

SHORT

FORM

2장

숏폼과 롱폼의 차이점과 장단점 정확히 알기

먼저 숏폼과 롱폼의 특징에 대해서 알아보겠다. 숏폼이 무엇인지 알면 더 잘할 수 있다. 롱폼과 비교해서 설명하고자 한다. 그러면 차이점과 장단점을 확실히 알 수 있다. 숏폼과 롱폼의 특징, 영상 제작 방법, 장단점, 수익에 대해 명쾌하게 정리했다.

첫 번째로 숏폼과 롱폼의 특징을 비교한다. 대표적인 플랫폼의 특징을 설명한다.

두 번째로 숏폼과 롱폼의 영상 제작 방법을 알려드린다. 숏폼과 롱폼의 제작 방식을 쉽고 간단하게 알려드린다.

세 번째로 숏폼과 롱폼의 장단점을 소개한다. 숏폼의 장단점을 비교하면서 차이점을 알 수 있다.

네 번째로 숏폼과 롱폼의 수익 구조를 정리한다. 수익 방법과 필요한 자격 조건을 알려드린다.

다섯 번째로 숏폼의 비전을 전한다. 2023년에서 2025년까지의 숏폼 산업에서 생길 수 있는 5가지를 정리했다.

숏폼 VS 롱폼, 특징의 차이

숏폼의 특징

숏폼(쇼츠, 틱톡, 릴스, 클립)은 1~3분 이내의 짧은 영상이다. 언제 어디서나 모바일 기기를 이용해서 콘텐츠를 즐기는 소비 형태를 반영한 트렌드다. 더 간단히 정리하자면, 숏폼은 세로로 촬영된 5초~1분의 영상이라고 생각하면 되며, 대표적으로 틱톡, 유튜브 쇼츠, 인스타그램 릴스, 네이버 클립이 있다.

'틱톡'은 바이트댄스(중국 IT기업)가 2016년 9월 중국 시장에 '더우인'이라는 이름으로 출시하며 1년 만에 이용자 8억 명을 넘겼다. 나아가 해외 시장 진

출을 위해 틱톡을 만들었다. 틱톡은 전 세계에서 가장 많이 다운로드된 앱 1위 자리에 12분기 연속으로 올랐으며, 한국에서는 2017년 11월부터 정식으로 서비스를 시작했다.

'유튜브 쇼츠'는 스마트폰과 YouTube 앱의 Shorts 카메라만 있으면 누구나 새로운 시청자와 소통할 수 있는 유튜브의 기능이다. YouTube의 Shorts 동영상 제작 도구를 사용하면 카메라로 최대 60초 길이의 짧은 동영상을 쉽게 제작할 수 있다.

'릴스'는 인스타그램의 기능으로 2019년 브라질과 인도에서 시범 서비스를 시작해 2020년 8월 글로벌 서비스를 시작했다. 릴스(Reels)란 음악, AR 기반 효과, 오버레이는 물론, 앱 내에서 클립을 자르는 기능도 사용해볼 수 있는 동영상을 위한 일체형 도구다.

숏폼 영상은 짧은 시간 동안에 효과적으로 이야기를 전달하는 영상 콘텐츠다. 주로 온라인 플랫폼에서 인기를 얻고 있다.

숏폼 영상의 특징은 다음과 같다.

- **간결하고 집중된 내용**: 숏폼 영상은 제한된 시간 동안에 내용을 간결하고 집중적으로 전달한다. 보통은 10~60초의 길이로 제작된다. 이로 인해 빠른 속도로 정보를 습득할 수 있으며, 집중력을 유지하기에도 좋다.
- **시각적으로 매력적인 요소**: 숏폼 영상은 주목을 끄는 시각적인

요소를 활용한다. 영상 편집, 그래픽, 애니메이션 등 다양한 기술과 요소를 활용해 시각적인 효과를 극대화한다. 이로 인해 영상이 더욱 재미있고 기억에 남게 된다.

- **간단한 스토리텔링**: 숏폼 영상은 간단한 스토리텔링을 통해 이야기를 전달하는 경우가 많다. 간결하면서도 효과적인 스토리텔링은 시청자들의 감정을 자극하고 연결고리를 형성한다.
- **쉬운 공유와 소통**: 숏폼 영상은 소셜 미디어 플랫폼에서 쉽게 공유하고 소통할 수 있다는 장점이 있다. 사용자들은 좋아요, 댓글, 공유 등의 기능을 통해 다른 사람들과 콘텐츠에 대해 상호작용할 수 있다.

숏폼 영상은 현대인들이 바쁜 일상 속에서도 빠르게 정보를 전달하고 즐길 수 있는 형식으로 폭발적인 인기를 얻고 있다. 숏폼은 짧은 시간에도 효과적으로 이야기를 전달할 뿐 아니라 시청자들의 관심을 사로잡을 수 있는, 간결하면서도 시각적으로 매력적인 내용을 담고 있다.

롱폼의 특징

롱폼에는 대표적으로 유튜브가 있다. 사용자가 동영상을 자유롭게 올리거나 시청할 수 있는 구글의 플랫폼인 유튜브는 2023년 기준 세계 최대 규모의 비디오 플랫폼이다.

'YouTube'라는 명칭은 사용자를 가리키는 'You(당신)'와 미국 영어에서 텔레비전의 별칭으로 사용되는 'Tube'를 합한 말이다. 과거 텔레비전이 브라운관(Cathode-Ray 'Tube', CRT)을 사용했기 때문에 텔레비전을 미국 영어에서 다른 말로 '튜브'라 부른다. 즉 YouTube라는 명칭은 '당신을 위한 텔레비전' '당신이 곧 텔레비전'이다.

롱폼 영상은 긴 시간 동안 지속되는 영상 콘텐츠를 의미한다. 롱폼 영상은 특정 주제나 이야기를 깊이 있게 다루기 위해 일정 시간 이상의 영상 길이를 갖추고 있다.

롱폼 영상의 특징은 다음과 같다.

- **깊은 내용과 탐구**: 롱폼 영상은 주제를 상세하게 다루기 때문에 보다 깊은 내용과 탐구를 제공한다. 주제를 더욱 풍부하게 이해할 수 있는 장점을 제공한다.
- **체계적인 구성**: 롱폼 영상은 일반적으로 체계적인 구성을 갖추고 있다. 서론, 본론, 결론 등과 같은 섹션으로 구성되어 있어 내용을 명확하게 전달할 수 있다.
- **다양한 시각화 방법**: 롱폼 영상은 주제를 더 잘 이해할 수 있도록

다양한 시각화 방법을 사용한다. 그래프, 차트, 애니메이션, 인터뷰 등의 다양한 요소를 활용해 내용을 보다 명확하고 흥미로운 방식으로 전달할 수 있다.

- **상호작용과 추가 자료**: 일부 롱폼 영상은 시청자와의 상호작용을 도모한다. 시청자들이 댓글이나 토론 참여를 통해 질문이나 의견을 제기하는 등의 방식으로 진행된다. 또한 영상 설명에 추가 자료나 링크를 제공해 깊이 있는 탐구를 할 수 있도록 돕는다.

롱폼 영상은 주제에 대한 깊이 있는 이해를 원하는 사람들에게 유용한 콘텐츠 형식이다. 긴 시간 동안 지속되는 영상을 통해 상세한 정보를 전달하고, 다양한 시각화 요소를 통해 흥미로운 이야기를 전달할 수 있다.

롱폼은 16:9 가로 형태의 3분 이상의 영상을 주로 뜻한다. 유튜브 영상이 대표적인데, 추가적으로 인스타그램 IGTV가 있다.

숏폼 VS 롱폼, 영상 제작 방법의 차이

숏폼 영상 제작 방법

숏폼 영상은 100% 스마트폰을 활용해서 제작할 수 있다. 편집은 스마트폰 어플과 플랫폼에서 할 수 있다. 주로 블로(VLLO), 캡컷(CapCut) 등의 영상 편집 어플을 사용한다. 이 어플들은 무료로 이용할 수 있다. 캡컷은 PC버전이 있어서 영상 촬영 후에 PC로 편집이 가능하다.

그리고 유튜브, 틱톡, 릴스에는 자체 촬영·편집 기능이 있다. 해당 숏폼 플랫폼에서 촬영 → 편집 → 업로드까지 한 번에 할 수 있는 것이다. 글씨·이미지·영상·효과 넣기, 컷편집, 필터 등 모든 기능을 활용할 수 있다.

숏폼 영상은 마이크, 조명이 크게 필요치 않다. 스마트폰에 있는 마이크, 카메라 조명으로도 숏폼 영상 작업이 가능하다. 크게 보는 롱폼 영상과 다르게 숏폼은 스마트폰의 세로 화면으로 보게 된다. 그래서 고화질의 영상이 크게 필요하지 않다. 물론 고화질의 영상이면 더 좋을 수 있지만, 영상미보다 더 중요한 것은 영상의 기획과 콘셉트다.

스마트폰과 어플의 성능은 계속 발전하고 있다. 손떨림 방지 기술, 자동 자막 기술 등 스마트폰으로 영상을 제작하는 크리에이터가 더 쉽고 빠르게 작업할 수 있게 변하고 있다.

숏폼러로 활동하기 위해서는 PC가 아닌 스마트폰을 잘 활용하는 것이 좋다. 시간을 절약하고, 숏폼 형태에 맞는 영상을 더 잘 찍을 수 있기 때문이다.

롱폼 영상 제작 방법

롱폼 영상의 촬영은 주로 디지털 카메라를 사용한다. 편집은 컴퓨터 영상 편집 프로그램인 어도비(Adobe)의 프리미어프로(Premiere Pro), 파이널컷(Final Cut)을 활용한다. 긴 영상일수록 컴퓨터 작업이 빠르고 편리하기 때문이다. 방송국, 기업, 대형 유튜버들의 90%는 컴퓨터 프로그램을 사용한다. 프리미어프로와 파이널컷은 비용을 지불해야 하는 유료 프로그램이다.

녹음기, 조명 등 장비가 추가로 필요하다. 촬영에 필요한 세팅과 장비가 필요하다. 인력도 2인 이상이 필요하다. 방송국에서의 촬영 현장을 생각하면 되는데, 1인 유튜버는 이를 축소해서 진행한다. 업로드와 섬네일 이미지 작업도 PC를 활용해서 진행한다.

숏폼 VS 롱폼, 장점과 단점의 차이

숏폼의 장점

숏폼(Short-form) 콘텐츠는 간결하고 짧은 분량으로 구성된 콘텐츠를 말한다. 이러한 형식의 콘텐츠 역시 여러 가지 장점을 가지고 있다. 숏폼 콘텐츠의 주요 장점은 다음과 같다.

- **간편한 소비**: 숏폼 콘텐츠는 길이가 짧기 때문에 시청자들이 빠르게 소비하고 이해할 수 있다. 사용자들은 바쁜 일상에서도 쉽게 접근할 수 있다.

- **주의 집중**: 짧은 분량으로 주제를 간결하게 제시하므로 시청자의 주의를 빠르게 끌어들일 수 있다.
- **소셜 미디어 공유에 용이**: 소셜 미디어 플랫폼에서 쉽게 공유하고 확산될 수 있다. 짧은 분량이므로 사용자들이 빠르게 공유하고 공감할 수 있다.
- **다양한 플랫폼에 적합**: 트위터, 인스타그램, 틱톡 등과 같은 플랫폼에서 인기가 있으며, 모바일 환경에서도 적절하게 소비될 수 있다.
- **간단한 메시지 전달**: 핵심적인 정보나 메시지를 간결하게 전달할 수 있다. 복잡한 주제를 간결하게 표현할 때 유용하다.
- **흥미 유발**: 짧은 시간 안에 빠르게 정보를 전달하므로 사용자들의 흥미를 유발하기에 좋다.
- **시각적인 측면 강조**: 이미지, 짧은 동영상 또는 그래픽과 함께 사용하면 시각적인 효과를 높일 수 있다.
- **콘텐츠 다양성 증진**: 숏폼 콘텐츠 형식은 여러 가지 주제를 다양하게 다룰 수 있어 브랜드나 콘텐츠의 다양성을 보다 더 증진시킬 수 있다.
- **경제성**: 제작 비용이 비교적 낮을 수 있다. 긴 글을 작성하거나 롱폼을 제작하는 것보다 간단하게 만들어낼 수 있다.
- **빠른 반응과 피드백**: 숏폼 콘텐츠는 빠른 시간 내에 반응과 피드백을 얻을 수 있는 기회를 제공한다.
- **커머스의 활용**: 숏폼 콘텐츠를 상품의 광고에 활용할 수 있다. 광고 형태의 숏폼 영상을 노출시킴으로써 마케팅 효과를 극대화할 수 있다.

이러한 장점들을 고려해 숏폼 콘텐츠를 적절하게 활용하면, 빠르고 효과적으로 메시지를 전달하고 관심을 끌어들일 수 있다.

숏폼의 단점

숏폼 콘텐츠는 간결하고 짧은 분량으로 구성되어 있지만, 이 역시 몇 가지 단점을 가지고 있을 수 있다.

다음은 숏폼 콘텐츠의 주요 단점이다.

- **상세한 내용 부족**: 분량이 짧기 때문에 특정 주제를 깊이 있게 다루거나 상세한 정보를 제공하기가 어려울 수 있다.
- **복잡한 주제 처리의 어려움**: 복잡한 주제나 개념을 간결하게 설명하는 것이 어려울 수 있다. 설명이 단순화되면서 필요한 내용이 누락될 수 있다.
- **너무 간단한 표현**: 너무 간결하게 표현하려다 보면 필요한 정보가 충분히 전달되지 않을 수 있다.
- **상황에 따른 부적절함**: 모든 주제가 숏폼 형식에 적합하지는 않을 수 있다. 복잡한 이슈나 논쟁적인 주제를 충분히 다루기 어려울 수 있다.
- **표현의 제약**: 시간 제한으로 인해 표현의 자유가 제한될 수 있다. 목적을 효과적으로 전달하기 위해 어떤 내용을 제외해야 할지 선

택이 필요할 수 있다.

- **세부 정보의 누락**: 자세한 정보나 배경 지식이 부족할 수 있다. 독자나 청취자들은 추가 정보를 얻기 위해 다른 콘텐츠를 찾아야 할 수 있다.
- **주제의 한계**: 일부 주제는 짧은 분량으로는 적절한 내용을 제공하기 어려울 수 있다.
- **피드백의 한계**: 더 많은 의견과 아이디어를 나타내기에는 한계가 있을 수 있다. 피드백이나 논의의 깊이가 제한될 수 있다.
- **차별화의 어려움**: 숏폼 콘텐츠는 대중적이기 때문에 특별한 차별화가 어려울 수 있다.
- **무의미한 콘텐츠 생성**: 시간이 부족한 상황에서 간단한 콘텐츠만을 생성하려는 욕구로 인해 무의미한 콘텐츠가 생성될 수 있다.

이러한 단점들을 고려해 숏폼 콘텐츠를 제작할 때는 목적과 대상을 잘 감안해 적절한 내용과 분량을 선택하는 것이 중요하다.

롱폼의 장점

롱폼(Long-form) 콘텐츠는 긴 분량으로 다음과 같은 장점이 있다.

- **깊은 내용 탐구**: 롱폼 콘텐츠는 주제를 더 깊이 있게 탐구하고 다

양한 측면을 탐색할 수 있다. 더 많은 정보와 배경 지식을 시청자에게 제공할 수 있다.

- **전문성 강조**: 롱폼 콘텐츠는 주제에 대한 전문적인 지식을 공유할 수 있다. 이를 통해 팔로워에게 자신의 전문성을 증명하고 신뢰성을 구축할 수 있다.
- **독자나 청취자의 참여 유도**: 롱폼은 주제에 대한 더 깊은 이해를 독려한다. 시청자가 주제에 더욱 관심을 가지고 더 많은 시간을 투자하도록 유도할 수 있다.
- **SEO 향상**: 검색 엔진 최적화(SEO) 측면에서 롱폼 콘텐츠는 종종 높은 품질의 효과를 얻을 가능성이 높다. 그리고 더 많은 키워드와 관련 정보를 포함할 수 있다.
- **권위와 신뢰 구축**: 롱폼 콘텐츠는 정보를 상세하게 제공해 주제를 깊이 이해하게 한다. 크리에이터의 권위와 신뢰도를 높여줄 수 있다.
- **소셜 미디어 공유에 적합**: 롱폼 콘텐츠는 소셜 미디어 플랫폼에서 공유하기에도 적합하다. 흥미로운 내용과 유용한 정보를 제공함으로써 공유 및 추천의 기회를 높일 수 있다.
- **목표 그룹에 대한 타깃팅**: 롱폼 콘텐츠는 특정 주제에 관심이 있는 대상을 목표로 할 수 있다. 이로써 더 많은 관심과 팔로워를 모을 수 있다.
- **기술적인 내용 전달**: 과학, 기술, 학문적인 주제 등 기술적인 내용을 전달하기에 유용하다. 긴 분량을 통해 복잡한 주제를 더 명확하게 설명할 수 있다.

- **자세한 설명과 예시 제공**: 롱폼 콘텐츠는 개념이나 아이디어를 더 자세히 설명하고, 예시를 통해 더 잘 이해하도록 도와준다.
- **창작적인 표현**: 긴 분량의 콘텐츠를 작성하는 과정은 저자의 창의력을 표현하고 다양한 아이디어를 효과적으로 구성하는 데 도움을 줄 수 있다.

롱폼 콘텐츠는 주제의 복잡성이나 깊이에 따라서 적합성이 달라질 수 있지만, 이러한 장점들을 고려해 적절한 상황에서 활용할 수 있다.

롱폼의 단점

롱폼 콘텐츠는 여러 가지 장점이 있지만, 동시에 몇 가지 단점도 가지고 있다.

다음은 롱폼 콘텐츠의 주요 단점이다.

- **시간과 노력**: 롱폼 콘텐츠를 작성하려면 상대적으로 많은 시간과 노력이 필요하다. 내용을 조사하고 구성하고 쓰는 데 시간을 많이 투자해야 한다.
- **주의 분산**: 긴 분량의 콘텐츠는 독자나 청취자의 주의를 분산시킬 수 있다. 정보 과부하로 인해 중요한 내용이 누락될 수 있다.

- **흥미 유지의 어려움**: 긴 분량의 콘텐츠는 독자나 청취자의 흥미를 유지하기가 어려울 수 있다. 중간에 영상 시청을 중단할 가능성이 높아진다.
- **스캔 및 스킵의 어려움**: 롱폼 콘텐츠는 특히 온라인에서 원하는 부분만 선택적으로 시청하기가 어려울 수 있다. 이로 인해 정보를 놓치는 경우가 발생할 수 있다.
- **온라인 독자의 주의 부족**: 인터넷 사용자들은 주로 빠르게 정보를 소화하고 빠르게 다음 정보로 이동하려는 경향이 있다. 롱폼 콘텐츠는 이런 사용자들에게는 어려울 수 있다.
- **반복과 불필요한 정보**: 긴 분량에서는 중복되거나 필요 없는 정보가 포함될 가능성이 높다. 이로 인해 시청자의 관심을 잃을 수 있다.
- **모바일 친화성 문제**: 롱폼 콘텐츠는 모바일 기기에서 읽기에는 불편할 수 있다. 화면 크기 문제로 인해 사용자의 몰입이 저하될 수 있다.
- **정보 과부하**: 너무 많은 정보를 제공하는 롱폼 콘텐츠는 독자나 청취자에게 정보 과부하를 초래할 수 있다.
- **생산 비용**: 고품질의 롱폼 콘텐츠를 생성하려면 다양한 인력과 장비 자원이 필요하므로 생산 비용이 높아질 수 있다.

이러한 단점들을 고려해 롱폼 콘텐츠를 작성할 때는 목적과 대상 독자/청취자, 플랫폼 등을 잘 감안해 적절한 분량과 내용을 선택하는 것이 중요하다.

숏폼 VS 롱폼, 수익 구조의 차이

숏폼의 수익 구조

먼저 유튜브 쇼츠의 수익 구조에 대해 알아보자. 유튜브 쇼츠는 유튜브에서 제공하는 60초 이내의 짧은 동영상 형식이다. 유튜브 쇼츠는 2020년 9월에 출시되었고, 현재 전 세계적으로 10억 명 이상의 사용자가 이용하고 있다.

스마트폰의 카메라 앱을 사용해 녹화하거나, 기존의 유튜브 동영상을 짧게 잘라서 쇼츠를 제작할 수 있다. 유튜브 쇼츠의 강점은 유튜브의 광고 시스템을 사용해 수익을 창출하는 구조로 인기 동영상에 노출되면 홍보 효과를 누릴 수 있다는 점이다. 수익 창출의

	수익 창출 자격 조건	수익 기능
Youtube 파트너 프로그램 가입 신청 가능 단계	구독자 500명	1. 채널 구독자 멤버십 2. Super chat 및 Super stickers 3. 유튜브 쇼핑
	공개 동영상 업로드 3회(90일 기준)	
	동영상 시청 3,000시간 or 쇼츠 조회수 300만회	
수익 & 채널 지속 성장 단계	구독자 1,000명	+ 4. 채널 광고 수익 5. Youtube Premium 구독료 수익
	동영상 시청 4,000시간 or 쇼츠 조회수 1,000만회	

조건은 위의 표와 같다. 구독자 500명과 쇼츠 조회수 300만 회가 되면 유튜브 파트너 프로그램에 가입할 수 있다. 채널 멤버십은 월 정액으로 멤버십 가입자의 가입 수익을 얻는다. 슈퍼 챗과 슈퍼 스틱은 라이브와 영상에 후원금을 받는 수익이다.

유튜브 쇼핑은 스토어와 연결해서 상품 판매 수익을 얻는 것이다. 구독자 1천 명과 쇼츠 조회수 1천만 회가 되면 유튜브 조회수 수익을 얻을 수 있다. 1년 내에 해당 기준의 조건을 맞추면 유튜브 파트너 프로그램에 신청이 가능하다.

틱톡맨 쇼츠 채널은 28일 기준으로 1천만 회가 되었고 수익은 210만 원이다. 1천 회당 198원의 수익을 얻고 있다. 쇼츠의 조회수와 수익은 월별로 차이가 크다.

다음으로 인스타그램 릴스의 수익 구조에 대해 알아보자. 릴스 보너스 프로그램은 인스타그램에서 릴스를 제작하고 게시하는 크리에이터에게 보너스를 지급하는 프로그램이다. 릴스 보너스 프로그램은 2021년 8월에 시작되었으며, 현재 전 세계적으로 100개 이상의 국가에서 진행되고 있다. 릴스 보너스를 받을 수 있는 크리에이터는 다음과 같다(현재 베타 서비스이기에 해당 내용은 계속 바뀔 수 있다).

사진 출처: 틱톡맨 채널(유튜브 쇼츠 수익)

- 인스타그램 계정이 있어야 한다.
- 인스타그램에서 릴스를 제작하고 게시해야 한다.
- 릴스 보너스 정책을 준수해야 한다.
- 인스타 개설일이 30일 이상인 계정이 있어야 한다.
- 최근 30일 이내에 5개 이상 릴스가 업로드되어야 한다.
- 최근 30일 이내에 재생 횟수가 10만 뷰 이상이어야 한다.
- 저작권 위반 등 수익화정책을 준수해야 한다.
- 비즈니스 또는 크리에이터 계정이 있어야 한다.

마지막으로 틱톡의 수익 구조에 대해 알아보자. 틱톡 플랫폼에서 얻을 수 있는 수익은 다음의 5가지 형태다.

- **크리에이터 마켓 플레이스**: 크리에이터 마켓 플레이스는 틱톡에서 광고주와 틱톡 크리에이터를 연결해주는 프로그램이다. 광고

주는 광고 내용과 금액을 정한다. 틱톡커는 해당 광고를 신청하고 광고를 제작하면 수익을 얻을 수 있다. 금액은 틱톡에서 정산을 해준다. 크리에이터 마켓 플레이스 가입 자격 조건은 '19세 이상, 10만 명 이상의 팔로워 보유, 30일간 동영상 3개 이상 업로드, 30일 동안 1천 회 이상, 커뮤니티 가이드 라인 준수'가 있다.

- **틱톡 시리즈**: 틱톡 시리즈는 영상을 판매하는 수익 프로그램이다. 노하우, 비하인드 영상을 제작해서 판매용으로 올릴 수 있다. 영상을 시리즈로 구성해서 판매한다. 동영상 강의 사이트인 '클래스101' 같이 영상을 구매할 수 있는 구조라고 생각하면 이해하기가 쉽다. 자격 조건은 30일간 동영상 3개 이상 업로드, '30일 동안 조회수 1천 회 달성, 18세 이상, 커뮤니티 가이드 조건을 충족'이다.
- **동영상 선물**: 동영상 선물은 시청자가 틱톡 영상과 크리에이터가 마음에 들었을 때 수익을 줄 수 있는 기능이다. 영상의 댓글 형태로 선물을 줄 수 있다. 선물은 돈으로 구매한다. 동영상 선물을 받을 수 있는 자격 조건은 팔로워 1만 명 이상, 30일 이상 활성화 계정, 정부·정치인이 사용하지 않는 계정이다. 영상을 올려서 수익 선물을 받을 수 있다.
- **라이브 선물**: 틱톡 라이브 선물이 있다. 틱톡 라이브를 진행하면서 후원을 받는 수익 방법이다. 인터넷 방송 플랫폼 '아프리카TV'의 별풍선과 개념이 유사하며, 이를 통해 수익을 얻을 수 있다.
- **크리에이티브 프로그램 베타**: 틱톡 조회수로 수익을 얻는 방법이다. 1분 이상의 영상을 올렸을 때, 조회수에 따라서 수익을 얻을 수

있다. 현재는 베타 버전이다. 특정 틱톡 크리에이터에게 열려 있다. 자격 조건은 팔로워 5만 명 이상, 30일간 조회수 10만 이상, 틱톡에서 주요 수익 프로그램은 라이브 선물과 크리에이티브 프로그램 베타이다.

- 틱톡맨 채널의 최근 조회수당 수익은 1천 회당 424원이다. 이는 틱톡 시청자에 따라 달라진다. 모든 조회수가 수익으로 되는 것이 아니라 해당 조건에 맞는 시청만 수익이 된다. 즉 조건 충족 조회수 기준에 맞아야 수익을 얻을 수 있다.

조건 충족 동영상 조회수란 무엇인가요?

조건 충족 동영상 조회수란 다음과 같습니다.

- 5초 이상 시청한 사용자의 조회수
- "관심 없음"을 누르지 않은 시청자의 조회수
- 추천 피드에서의 조회수만 고려됩니다.

참고: 동일한 계정이 여러 번 생성한 조회수는 1회로 계산됩니다.

숏폼은 롱폼과 동일하게 조회수 광고 수익 외에도, 추가 수익 구조로 수익을 창출할 수 있다. 예를 들면 브랜드와의 협찬, 제품 판매, 멤버십 구독, 스폰서십 등의 방식을 통해 추가 수익을 얻을 수 있다. 조회수 수익보다 숏폼 채널을 통한 수익이 더 높은 수익을 얻을 수 있는 방법이다.

롱폼의 수익 구조

롱폼 유튜브 수익은 유튜브 파트너 프로그램에 참여해 광고 수익을 버는 방식으로 얻을 수 있다. 유튜브 파트너 프로그램은 유튜버가 자신의 콘텐츠에 광고를 허용하고, 광고 수익을 얻을 수 있도록 하는 프로그램이다. 유튜브 파트너 프로그램을 '유튜브 애드센스 수익'이라고 한다.

- **광고 수익**: 유튜버가 광고를 자신의 동영상에 허용하면, 광고주는 해당 동영상에서 광고를 게재한다. 이 광고가 시청자에게 표시되고 클릭 또는 시청이 발생하면, 광고 수익이 발생한다. 광고 수익은 광고주와 유튜버 간의 계약 및 광고 클릭률, 시청률 등의 요소에 따라 다양하게 변동한다. 대략적으로 1회당 1원 정도로 평균적인 계산을 한다.
- **CPM 및 RPM**: CPM은 'Cost Per Mille'의 약자로, 1천 회 광고 노

출당 광고주가 지불하는 비용을 의미한다. RPM은 'Revenue Per Mille'의 약자로, 1천 회 동영상 재생당 유튜버가 얻는 수익을 의미한다. 유튜브의 경우에 광고주가 지불하는 비용에 따라서 유튜버가 받는 금액이 계속 바뀐다. 월별로 살펴보면, 기업 광고비용이 높아지는 12월에 유튜버들의 수익이 높아지는 경향이 있다.

- **유튜브 파트너십 요건**: 유튜브 파트너 프로그램에 참여하려면 일정한 요건을 충족해야 한다. 한국의 경우, 유튜브 수익 자격 조건은 구독자 1천 명 이상, 시청 시간 4천 시간 이상이다. 그리고 커뮤니티 가이드에 위반되는 사항이 없어야 한다. '커뮤니티 가이드'는 폭력, 위법 등 플랫폼에 악영향을 줄 수 있는 자극적인 언행을 금기하는 사항이다.
- **기타 수익원**: 광고 수익 외에도, 유튜버는 기타 수익원을 통해 수익을 창출할 수 있다. 예를 들어 브랜드와의 협찬, 제품 판매, 멤버십 구독, 스폰서십 등의 방식을 통해 추가 수익을 얻을 수 있다.

유튜브 수익은 다양한 요소에 영향을 받으며 유튜버의 채널 크기, 콘텐츠 품질, 시청자 상호작용 등에 따라 다를 수 있다. 또한 광고 수익 외에도 다른 수익원을 고려해 다양한 방법으로 수익을 창출할 수 있다.

숏폼(쇼츠, 틱톡, 릴스, 클립)의 밝은 비전, 지금도 전혀 늦지 않다!

숏폼 비전

숏폼러가 되면 돈을 벌 수 있을까? 사람들은 이런 생각을 한다. "숏폼으로 팔로워를 모아도 유튜브처럼 돈이 안 되잖아요." "그러면 팔로워를 많이 모아도 소용이 없잖아요." 이렇게 생각할 수 있다. 하지만 그것은 단편적인 생각이다. 온라인에서 특정한 사람들이 모이면 수익화하는 방법이 생기게 마련이다.

2021년에 스타벅스 CEO보다 연봉을 더 많이 번 숏폼러가 있다. 이 숏폼러는 미국의 18세 소녀 찰리 디아멜리오다. 팔로워 1억 5,100만 명을 거느린 찰리는 2021년에 약 209억 원으로 틱톡 1위 수익을 올렸다. 18세 소녀가 스타벅스 CEO 케빈 존슨의 연봉인 175

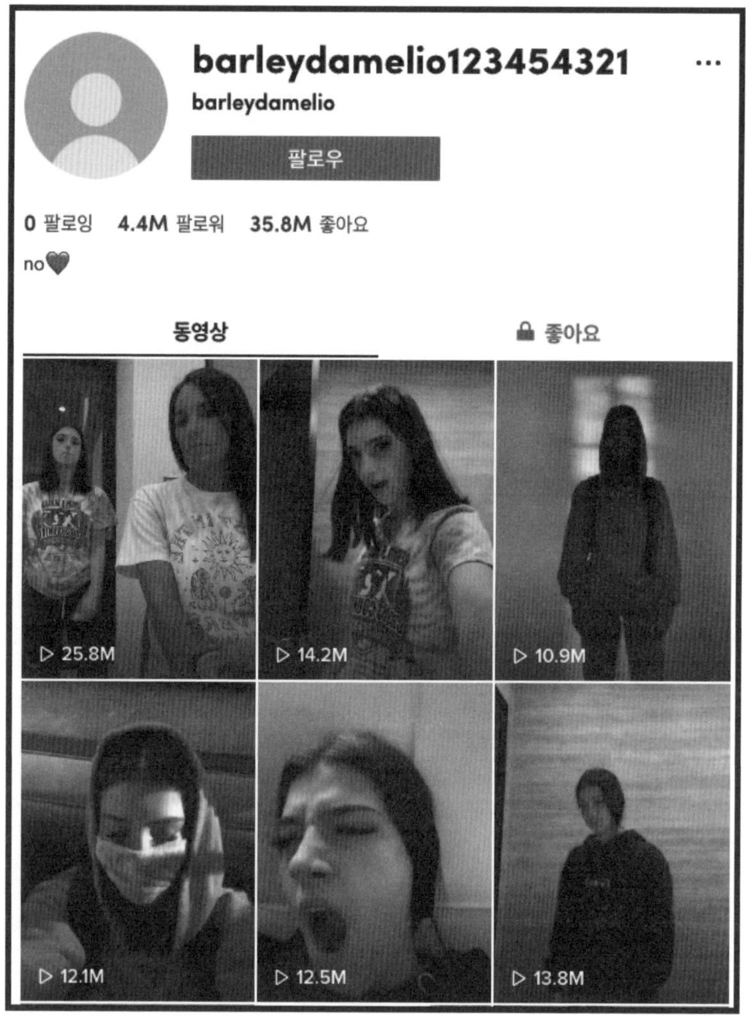

▲ 틱톡커 찰리 디아멜리오

출처: 틱톡

억 원보다 34억 원을 더 벌었다.

18세 소녀 찰리는 숏폼으로 어떻게 그렇게 엄청난 돈을 벌었을까? 그녀는 자체 의류 브랜드 사업과 제품 홍보로 돈을 벌었다. 미국의 던킨도너츠와 배스킨라빈스에는 '찰리'라는 이름의 도넛과 아이스크림이 출시되었을 정도다. 숏폼의 인기를 기반으로 패션, 광고, 식품과 연결해서 수익을 얻었다.

숏폼 콘텐츠+팔로워+비즈니스+브랜딩+마케팅+커머스+세일즈가 모두 연결되어 있다. 그리고 숏폼 플랫폼 자체에서도 수익을 만드는 시스템이 있어 앞으로 더 많은 수익을 숏폼러와 나눌 것이다. 플랫폼의 경쟁이 치열해지고 있어 자신의 플랫폼에 좋은 숏폼 영상을 만드는 크리에이터를 모으기 위해서 더 좋은 수익과 조건을 제시하고 있다.

우리나라도 틱톡 채널에서 스토어(상점)를 만들어서 판매하는 기능, 라이브 쇼핑 기능이 앞으로 나올 것이다. 이미 중국의 틱톡(더우인)에서 비즈니스를 하고 있는 숏폼러 왕홍(인플루언서)은 월 1천만 원 이상의 높은 수익을 얻고 있다.

▲ 숏폼러 왕홍의 영향력과 수익을 알 수 있는 영상

출처: 유튜브 채널 〈차이나탄tv〉

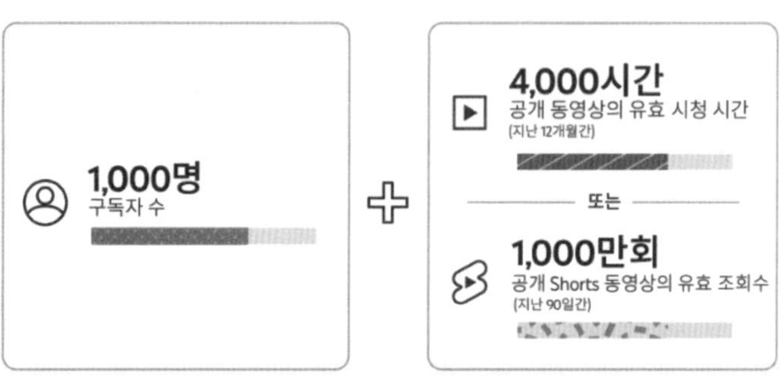

Shorts 광고 수익 공유: 새로운 수익 창출 방법
반가운 소식을 전합니다. 2023년 초부터 Shorts 피드에서 조회된 광고로 수익을 창출할 수 있습니다. Shorts 조회수를 기준으로 계산이 되어 조회수가 많을수록 많은 수익을 얻게 됩니다. Shorts 생태계가 계속해서 성장하고 있으므로 Shorts 광고 수익 공유는 크리에이터가 짧은 형식 콘텐츠로 더욱더 성장하고 수익을 창출할 수 있는, 보다 지속 가능한 방법이 될 것입니다. 계속해서 좋은 동영상을 만들어 주세요. 나머지는 YouTube에서 지원해 드리겠습니다. Shorts 광고 수익 공유가 도입됨에 따라 Shorts Fund는 내년에 종료되오니 자세한 내용을 확인하세요.

위 자료는 쇼츠 수익 프로그램과 관련된 내용을 담고 있다. 쇼츠에서 나오는 수익의 45%를 크리에이터와 나눈다는 발표다. 2023년 초에 시작했다. '구독자가 1천 명이고, 90일간 조회수가 1천만 회'라는 조건이 충족되면 이 프로그램에 참여할 수 있다.

이것뿐만 아니라 브랜디드 광고, 쿠팡 파트너스 연결, 구글 애드센스 연결, 뉴스픽 연결, 자체 상품과 서비스 판매가 있다. 이처럼 숏폼 콘텐츠로 트래픽을 만들고, 팔로워를 모으면 수익을 만들 수 있는 방법은 여러 가지가 있다.

2019~2023년까지 틱톡은 세계 앱 다운로드 순위 1~2위를 했다.

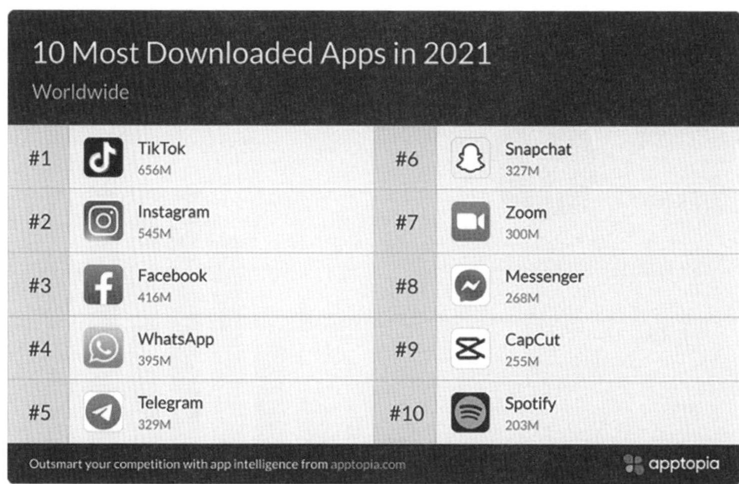

▲ 2021년 전 세계 앱 다운로드 순위 1위인 틱톡

출처: apptopia

2024년까지도 같은 흐름으로 진행될 것으로 보인다.

15~32세의 MZ세대가 숏폼 콘텐츠에 빠져들고 있다. 2019년 2월 기준 한국 이용자 340만 명을 돌파했다. 2020년 8월 기준으로 미국의 월간 사용자는 1억 명, 전 세계 이용자 수는 8억 8,917만 명이다. 2022년 2월인 지금은 더 많은 이용이 이루어지고 있다. 그리고 30~50대로 시청 연령층이 높아지고 있다. 유튜브, 인스타그램의 초기에는 10대에서 유행이 시작되었고 전 연령층으로 확대되었는데, 틱톡도 마찬가지다. 이는 한국뿐만 아니라 전 세계적인 동향인 것이다.

틱톡의 매출은 시간이 지날수록 증가하고 있다. 그 이유는 무엇일까? 샤오미 CEO는 틱톡 라이브로 샤오미의 신제품을 팔았고, 5천만 명이 동시 접속해서 1시간 만에 365억 원의 판매 매출을 올

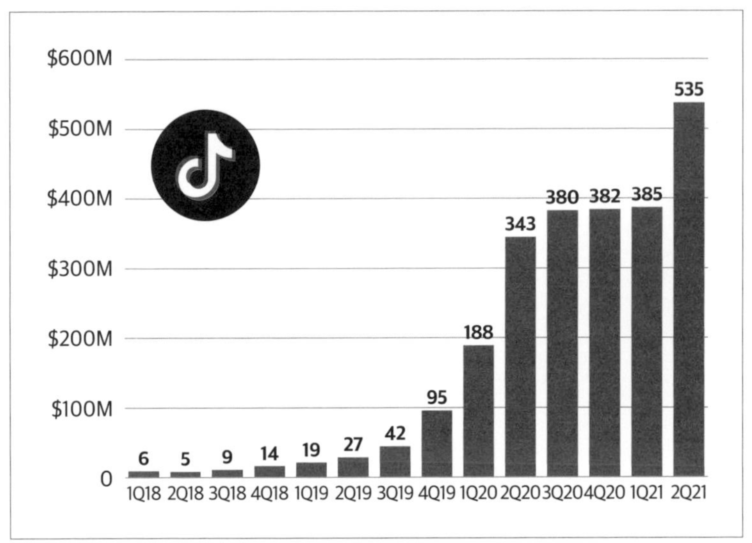

▲ 틱톡의 글로벌 매출 그래프

출처: Sensor Tower

렸다. 또한 중국의 틱톡 더우인에는 채널에 스토어가 있어서 영상을 보고 해당 제품을 바로 구입할 수 있다. 숏폼 플랫폼과 커머스가 연결되는 형태다. 숏폼+커머스의 형태는 이미 중국에서 검증이 되었다. 한국에는 아직 자리 잡지 않았지만, 그래서 기회가 있다.

틱톡은 세계 1위 전자상거래업체인 쇼피파이(네이버 스마트스토어와 비슷함)와 글로벌 파트너십을 맺고 전 세계 상품 판매 기능을 시작할 준비를 하고 있다. 글로 된 상품 상세페이지가 숏폼 영상화될 것이다. 그렇게 되면 숏폼 영상을 보면서 상품 주문을 바로 할 수 있게 된다. 또한 숏폼 플랫폼은 전 세계 사람들에게 영상이 노출된다. 그러면 해외로 상품을 판매할 수 있는 경로가 된다. 그래서 한국 숏폼 채널만 생각하는 것이 아니다. 외국인을 타깃으로 한 글로벌 채널로

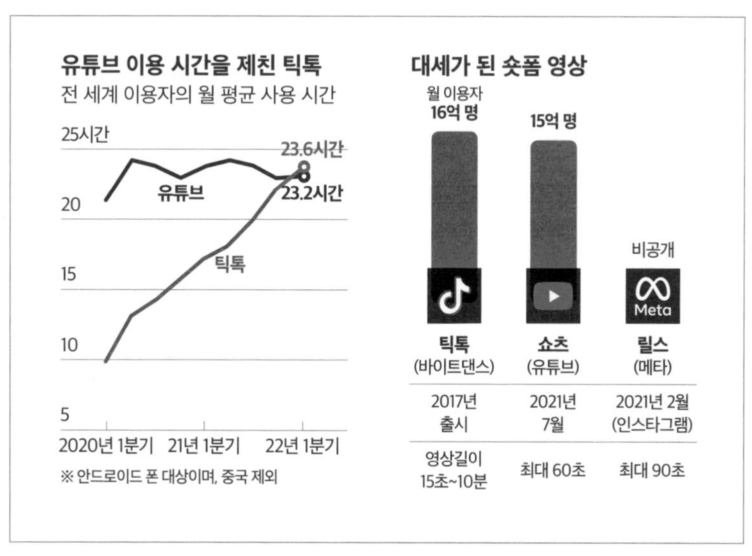

출처: 데이터에이에이(왼쪽) / 각 사, 업계(오른쪽)

키우는 전략도 좋다.

네이버는 유튜브, 인스타그램, 틱톡 등을 중심으로 경쟁이 치열한 숏폼 시장에 본격 진출했다. 유튜브, 인스타그램 등으로 이탈하고 있는 1020세대를 잡기 위한 회심의 카드이기도 하다. 2023년 8월 23일 네이버에 따르면 네이버앱 화면 하단에 새로운 숏폼 서비스 '클립'이 모든 이용자 대상으로 오픈되었다.

클립은 네이버의 숏폼 서비스명을 통합한 명칭이다. 숏폼이 독립된 하나의 탭으로 모인 것으로 패션, 뷰티, 여행, 스포츠, 푸드, 아티스트의 라이브 무대까지 다양한 주제로 콘텐츠를 제공한다. 다른 숏폼 플랫폼과 동일하게 화면을 위아래로 움직이면서 숏폼을 즐길 수 있다. 또한 마음에 드는 숏폼에는 '좋아요'와 댓글을 남길 수도 있다.

Z세대의 놀이, 숏폼 콘텐츠

- 연령대가 낮을수록 10분 미만의 숏폼 동영상을 선호하며, 1020세대의 동영상 선호 시청 길이는 15분 내외임
- 대표적인 숏폼 콘텐츠 플랫폼인 TikTok은 10대 유저 비율이 약 43%로 전체 연령 중 가장 높게 나타남

동영상 시청 시 선호 길이의 연령별 비교

10대: 동영상 1회 시청 시 **10분 미만 선호 56%**

1020세대: 동영상 시청 **선호 길이 15분**

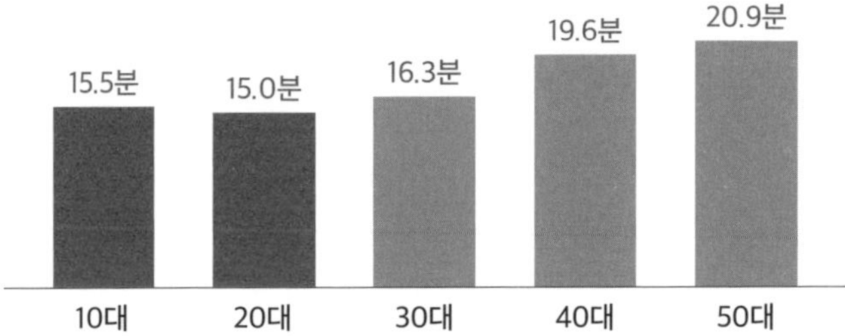

TikTok 연령별 분포

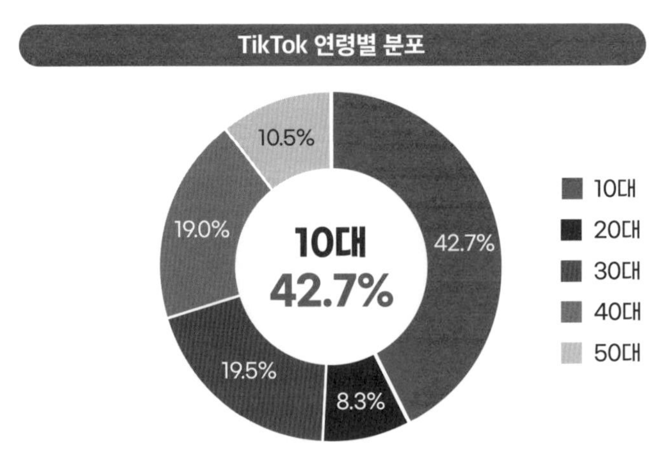

▲ 연령별 동영상 시청 선호 길이와 틱톡 연령별 분포

출처: 2019 메조미디어 타깃 오디언스 리포트(위) / 와이즈앱(2020년 1월, 국내 사용자 분포)(아래)

유튜브(쇼츠), 인스타그램(릴스), 틱톡 등 다른 숏폼 서비스와의 차이점은 네이버의 여러 서비스로 바로 가는 기능을 제공하는 것이다. 예를 들면 숏폼 영상을 보다가 쇼핑하고 예약하거나, 더 궁금한 정보는 블로그에서 확인까지 가능하다.

클립의 영상을 확장하기 위해서 네이버는 선발된 '클립 크리에이터'를 통해 새로운 숏폼 창작자들을 유입하고 창작자 생태계 확장에 나서고 있다. 현재 네이버는 공식 숏폼 창작자를 모집한 후 월간 최고 조회수를 기록한 숏폼 영상을 선발해 최대 1천만 원의 상금을 지급하고, 매달 15만 원 상당의 활동비를 지원하고 있다. 2024년부터는 창작자와 네이버가 동반 성장할 수 있는 수익 모델도 도입할 예정이다.

네이버 관계자는 "단순히 숏폼 영상을 나열해 보여주는 다른 서비스들과 달리 네이버의 숏폼 서비스는 지도, 블로그, 스마트스토어 등 다양한 네이버 서비스와 연동해 확장성이 무궁무진하다"며 "뿐만 아니라 네이버는 십수 년간 자체적으로 방대한 크리에이터 생태계를 조성해온 노하우가 있기 때문에 창작자 교육, 보상 프로그램 등을 적용해 숏폼에서도 빠른 성장세를 보일 것으로 예상된다"고 말했다.

네이버의 스마트스토어, 블로그, 지도와 숏폼 영상을 연결해서 숏폼 비즈니스를 확장하려는 것으로 추측된다. 2024년 1월에 네이버 클립 크리에이터 2기를 모집하고 있다. 총상금 12억 원의 혜택이 있다. 네이버가 숏폼에 얼마만큼 집중하고 있는지 알 수 있는 대목이다.

틱톡, 유튜브, 인스타그램의 광고 매출은 2017~2022년까지 계속 우상향하고 있으며, 앞으로도 더 많은 광고 수익을 얻을 것이다. 그 이유는 사람들이 콘텐츠를 보기 위해 끊임없이 모여들기 때문이다. 사람들이 모이는 곳에 광고가 몰린다. 이러한 광고의 증가는 플랫폼의 매출 증가로 이어진다. 숏폼 콘텐츠에는 많은 수의 사람들을 플랫폼에 오래 머물게 하는 힘이 있다. 이는 빅테크 기업들이 숏폼의 기능을 활성화하는 데 주력하는 이유다.

요즘은 재생 시간이 긴 유튜브 영상을 사람들이 잘 못 본다. 보더라도, 재생 속도를 1.25배속이나 2배속 등으로 빠르게 조정해서 본다. 사람들은 긴 영상을 힘들어한다. 그러다 보니 유튜브를 보는 시간이 줄어들고 있고, 그 대신에 숏폼 영상을 보는 시간이 늘어나고 있다. Z세대들은 유튜브 동영상보다 더 짧은 숏폼 콘텐츠를 선호한다.

이들이 20대가 되면 숏폼 콘텐츠는 주류 트렌드가 될 것이라고 생각한다. Z세대들은 콘텐츠를 보는 것으로 끝나지 않는다. 그들은 직접 영상을 제작해서 올린다. 적극적으로 따라 하고 재창작한다. 이것이 하나의 문화로 정착되고 있다. 숏폼 영상이 Z세대들의 문화와 놀이가 되어가고 있는 것이다.

숏폼(틱톡, 쇼츠, 릴스, 클립)의 2023~2025년 비전 5가지는 다음과 같다.

1. 숏폼 플랫폼은 시청자가 10~60대까지의 연령층으로 확대된다.
2. 숏폼 영상과 라이브에 커머스가 붙어서 상품 판매가 가능해진다.
3. 많은 찐 팔로워를 가진 숏폼러는 신흥 부자의 대열에 합류할 것이다.
4. 유튜브 쇼츠, 인스타그램 릴스, 틱톡, 네이버 클립의 영향력은 4배 이상 커질 것이다.
5. 대기업들이 자사의 서비스와 상품을 숏폼 영상에 연결시켜서 비즈니스를 확장할 것이다.

숏폼은 성장 산업이다. 성장하는 사업에서는 많은 기회를 얻을 수 있다. 나 또한 미리 숏폼 흐름을 읽고 앞으로를 준비하고 있었다. 숏폼 채널을 만들어 팔로워를 모았다. 커뮤니티를 만들었고, 전자책과 동영상 상품을 만들었다. 미리 준비했기에 다양한 기회를 잡을 수 있었다.

아직 늦지 않았다. 그렇기에 지금 당장 숏폼을 시작해보는 것을 추천한다. 숏폼 영상을 제작하고 숏폼 채널을 운영할 수 있는 능력은 인생의 든든한 무기가 될 것이라고 생각한다. 그리고 급성장하는 숏폼을 경험하지 못하지 못한다면 뒤처질 것이다. 온라인 상품 판매, 마케팅, 브랜딩, 콘텐츠 제작, 모든 부분에 숏폼이 연결될 것이다.

2009년에 비트코인 구매를 놓치는 것, 1990년대에 강남 부동산을 놓치는 것과 비슷한 일이라고 생각한다. 아마도 이 책을 읽고 있는 100명 중 96%는 숏폼을 시작하지 않고 기회를 놓칠 것이다. 4%는 시작은 해볼 것이다. 그리고 그만둘 것이다. 1%는 지속하고 숏폼 산업 성장의 혜택을 누릴 것이다. 당신이 1%가 되기 위해 첫 번째로 실행해야 할 것은 다음 장에 있는 숏폼의 비전을 정리하고 자기 생각을 적어보는 것이다. 이것을 하지 않는다면 당신은 숏폼을 시작도 하지 않고 기회를 놓칠 96%일 가능성이 높다.

도전, 최고의 숏폼러!

내가 생각하는 숏폼과 롱폼의 차이점과 숏폼의 비전을 적어보세요.

SHORT FORM

3장

팔로워 29만 숏폼 채널을 최단기에 만든 10가지 방법

4년간 각종 SNS 플랫폼(유튜브, 인스타그램, 틱톡, 블로그, 카페)으로 팔로워 31만 명 이상을 모았다. 그리고 1천 명 이상의 사람들을 직간접적으로 코칭했다. 이를 위해 관련된 책과 강의를 찾고 연구했다.

유튜브, 인스타그램, 틱톡, 네이버 SNS(블로그, 카페)의 성장 핵심에는 차이가 있었다. 그러나 본질은 같았다. 이 경험과 노하우를 '숏폼 추월차선 10가지 공략법'으로 정리했다. 유튜브 쇼츠, 인스타그램 릴스, 틱톡의 숏폼에 맞춰서 정리한 것이다.

'숏폼 추월차선 10가지 공략법'을 적용해서 숏폼 채널을 만들었다. 틱톡 팔로워 16만, 유튜브 팔로워 13만, 총 조회수 3.4억 회 이상의 <틱톡맨> 채널이다. 숏폼의 10가지 공략법을 설명하고 실제 <틱톡맨> 채널에 어떻게 적용했는지 전달하겠다. 이론을 실전에 적용한 사례다.

3장에는 선가이드가 4년간 쌓아온 SNS와 숏폼 경험이 담겨 있다. 기술보다 본질을 담았다. 이 본질을 알게 되면 모든 숏폼 채널에서 효과를 얻을 수 있을 것이다. 알고리즘이 바뀌면 기술적인 부분은 적용되지 않는다. 하지만 숏폼 콘텐츠와 채널의 본질을 알게 되면 계속 살아남을 수 있다.

또한 숏폼은 SNS의 성장 치트키라고 생각한다. 롱폼 영상, 사진, 글이 아니다. 숏폼 영상은 당신의 SNS채널의 조회수와 팔로워를 가장 빠르게 성장시켜주는 방법이 될 것이다. 찐팬을 만드는 숏폼 추월차선 10가지 공략법과 적용 사례, 그리고 숏폼 채널 성장 과정을 알려드리겠다.

숏폼 공략법 1: 캐릭터(나)를 팔아야 한다

숏폼 채널을 성공시키기 위해서는 캐릭터(나)를 먼저 팔아야 한다. 나를 팔지 못하는 크리에이터와 잘 파는 크리에이터의 격차는 10배 이상 나기 때문이다. 100만 조회수 숏폼 영상이 되어도 팔로워가 늘지 않는 것, 100만 팔로워가 있어도 판매하는 상품이 팔리지 않는 것, 그 이유를 알 수 있다.

강규형 대표 예시

3P자기경영연구소 강규형 대표님 이야기를 예시로 들겠다. 독서

▲ 사례1 : 3P바인더 강규형 대표

포럼 '관계우선의 법칙' 특강 중 일부 내용인데, 나를 판다는 게 뭔지 30초 만에 이해가 될 것이다. 강의 일부 내용을 구어체로 풀어서 적었다.

푸르덴셜(보험회사)에 있을 적에 영업을 하러 가면, 가서 종신보험이 좋은 이유에 대해 1시간 반 동안 빠바바바바바바빡 쏟아부었어요. 열심히 했어요. 근데 나중에 보니깐 사인이 안 나오는 거예요. 계약이 안 되는 거예요. 이게 반복이 되더라고요.

그래서 제가 안 되겠다 싶어서, 저희 팀 서울대 경영학과 나온 선배한테, 저와 함께 조인트 웍 합시다, 말했어요. 한번 봐달라고 한 거죠. 조인트 웍이 뭐냐면 한번 같이 가는 거예요. 영업하는 모습을 그대로 지켜보게끔.

조인트 웍을 갔습니다. 그날 제가 상담하러 가서 1시간 동안 빠바바바바바바박 해줬어요. 근데 그때도 역시 계약할 때 사인이 안 나오는 거예요. 그래서 나와서 카페 가서 물어봤죠.

"선배님, 도대체 제가 뭘 잘못했습니까?"

그 양반이 충청도 양반인데, 말이 좀 느려요. "어~~ 강규형 씨… 내가 보기에 매너도 좋고, 목소리 톤도 좋고, 태도도 좋고, 열정도 좋고, 다 좋은데… 자기를 안 파네?"

우…와~ 나는 깜짝 놀랐어요.

자기를 안 파네!? 내가 보험을 팔고서 고객과의 관계를 안 맺었다는 얘기에요. 그 보험이 좋은 건 알겠는데, 내가 못 미더운 거죠. 이 사람이 누군지 모르겠다는 거예요.

하… 내가 그때 얼마나 뒤통수를 맞고, 충격을 받았는지… '상품을

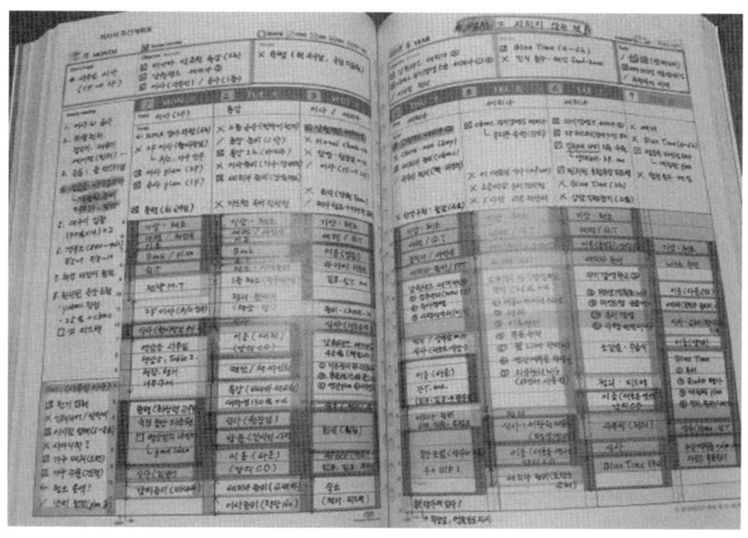

▲ 강규형 대표의 바인더 사진

팔기 전에 나를 팔아라' 이걸 알고는 있었는데, 못 하고 있던 거예요. 그다음엔 제가 어떻게 했을까요? 그다음부터는 제가 만난 모든 고객에게 바인더를 보여줬어요. 제 바인더를 앞에부터 뒤에까지 쫙 한 번 보여주면, 저를 완벽하게 신뢰합니다.

"이게 뭡니까? 이거 나도 가르쳐줄래요?" 그 얘기가 나오면, 계약은 다 끝난 겁니다. 저는 그렇게 영업했습니다. 제가 연봉 4억 받았는데, 그냥 받은 게 아니라 저는 상품을 먼저 얘기하지 않았습니다. 저는 바인더부터 얘기했습니다. 그렇게 해서 연봉 4억을 받을 수 있었습니다.

'나(캐릭터)를 팔기', 이제 이해되시나요? 모르는 사람이 팔려고 하면 사람들은 의심하고 피합니다. 그런 경험 있으시죠? 하지만 내가 신뢰하고 좋아하는 사람이 상품을 판매하면? 거리낌 없이 상품을 구매합니다.

크리에이터도 자신과 영상을 파는 사람이다. 팔로워를 하고 영상을 봐주는 사람이 필요하기 때문이다. 좋아하고 신뢰할 수 있는 크리에이터는 조회수와 팔로워가 계속 늘어난다. 그리고 팔로워와 조회수가 많이 오를수록 영향력과 수익이 커진다. 그래서 99% 이상의 크리에이터는 구독자와 조회수를 높이는 데 관심이 많다. 결국 나를 잘 팔수록 숏폼 크리에이터로 성공할 확률은 높아지는 것이다.

드로우앤드류 VS 책그림 예시

나(캐릭터)를 파는 것의 구체적인 예시를 소개하겠다. '나를 파는 크리에이터 VS 나를 팔지 않는 크리에이터'의 비교다. '드로우앤드류(나를 파는) VS 책그림(나를 팔지 않는)'이다.

〈책그림〉 채널은 책에 관심 있는 분이라면 한 번쯤 보셨을 유튜브 채널이다. 특정 책의 내용을 그림 영상으로 만들어서 소개하는 채널이다. 나도 이 채널의 영상을 많이 보았고, 개인적으로 좋아했던 채널이다.

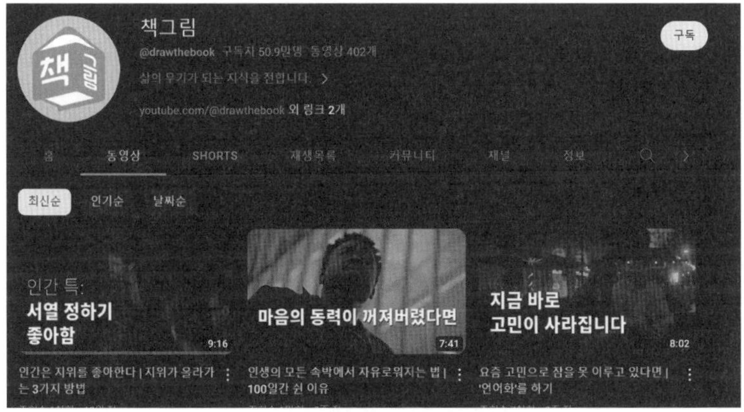

▲ 사례2 : 〈책그림〉 유튜브 채널

〈책그림〉 채널은 크리에이터보다 유튜브 채널에 집중된다. 왜 그럴까? "책그림님이 어떤 분인지 아시나요?" 이 질문에 "안다"고 답한 사람을 지금까지 만난 적이 없다. 나도 잘 모른다. 채널에 사람이 없고, 콘텐츠에 집중되어 있다.

▲ 사례3 : 〈드로우앤드류〉 유튜브 채널

다음은 퍼스널브랜딩, 자기계발을 주제로 운영 중인 〈드로우앤드류〉 유튜브 채널이다.

앤드류님은 정보와 노하우 콘텐츠만 다루지 않는다. 성장, 퇴사, 생활방식, 철학 등 자신의 이야기를 한다. 앤드류님은 정보와 함께 자신을 팔고 구독자와 관계를 맺어가고 있다. 댓글과 영상으로 소통하며 구독자 참여 이벤트도 진행한다.

앤드류님은 크몽에서 퍼스널브랜딩 전자책을, 클래스101에서 퍼스널브랜딩 강의를 판매하고 있다. 1천 개 넘는 전자책이 팔리고, 강의 영상도 100개 이상 팔렸을 것으로 생각된다. 앤드류님은 도서 출간도 했는데, 자기계발/성공 베스트셀러 1위에도 올랐다.

책그림님이 이 같은 상품을 론칭한다면 앤드류님만큼 판매가 되었을까? 안 되었을 것이다. 책그림님이 어떻게 생긴지도 모르고, 어떤 사람인지도 잘 모르기 때문이다.

▲ 드로우앤드류님의 크몽 전자책, 클래스101 강의

이 두 크리에이터의 차이는 '나(캐릭터)를 파는 것'에서 생긴다. 책그림님이 영상 콘텐츠를 잘 만들지 못하면 조회수가 확 떨어질 수 있다. 콘텐츠 주제에 따라서 조회수의 폭이 크다. 만약 유튜브가 없어지면 다른 곳에서 살아남기 어렵다. 그렇지만 앤드류님은 어떤 영상을 올려도 구독자들이 시청해줄 것이다. 앤드류님 자체가 콘텐츠가 되어 구독자들과 관계를 맺고 친구가 되었기 때문이다. 즉 신뢰관계를 구축했기 때문이다.

이렇기 때문에 숏폼을 한다면, 단순히 정보 영상만 전하는 것이 아니라 나를 판매할 수 있어야 한다. 그리고 나라는 '캐릭터'가 있어야 시청자에게 나를 팔 수 있다. 사람들은 대상이 있어야 좋아할 수 있으며, 대상이 없으면 좋아할 수 없게 마련이다. 얼굴이 나오면 더욱 좋다. 그래야 구독자와 관계를 맺고 장기적으로 성장할 수 있다.

앤드류님처럼 유튜브에 얼굴을 공개하고 나를 표현하기가 여건상 어렵다고? 괜찮다. 채널에 내 얼굴이 나와야만 나를 팔 수 있는 것이 아니다. 얼굴을 노출하지 않아도 나를 알릴 수 있는 방법은 많다.

- 일관된 목소리로 나의 존재를 알릴 수 있다.
- 가면을 쓸 수도 있다.
- 캐릭터를 만들어서 나를 대신해 표현할 수 있다.

중요한 점은 대상이 있어야 한다는 것이다. 채널 속에 구체적인 인물이 있어야 한다. 그래야 좋아하고 공감하고 함께할 수 있게 된다. 구독자와의 관계가 없다면, 영상만 보고 휑~ 잊히는 채널이 된다. 하지만 나를 팔아서 관계가 생긴다면, 1년 이상 지속하고 함께할 수 있는 친구가 된다. 숏폼 채널을 운영할 때 이 점을 반드시 놓치지 말아야 한다.

숏폼 채널을 운영할 시에 '나(캐릭터)를 팔기'를 잘해야 한다. 그러면 나와 비슷하고 주파수가 맞는 사람들이 내 채널로 저절로 모이게 될 것이다.

〈틱톡맨〉 채널은?

〈틱톡맨〉 채널에 사람의 형태로 프로필 사진을 넣었다. 사람들이 좋아할 구체적인 대상을 만든 것이다. 그리고 숏폼 영상에는 틱톡맨의 생각과 느낌을 지속적으로 넣었다. 단순히 정보만 전달하지 않았던 것이다. 챌린지 유행에 대한 생각 등 틱톡맨의 느낌과 경험담을 영상에 섞었다.

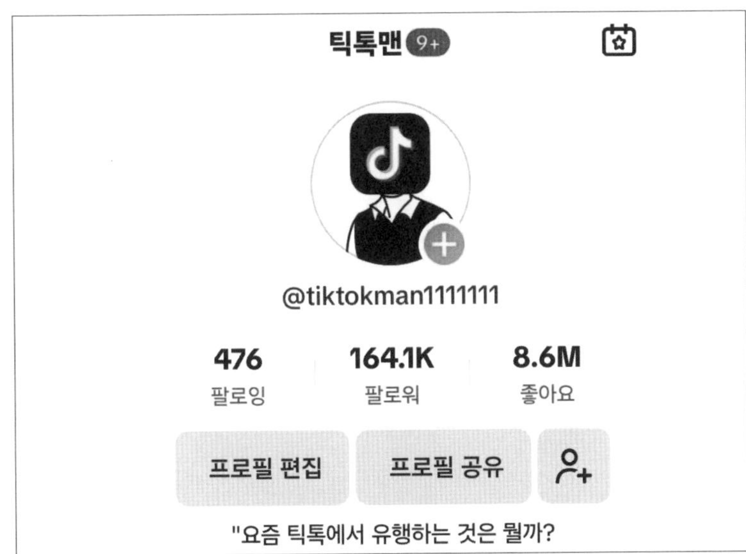

▲ 캐릭터 프로필

또한 팔로워와 친밀해질 수 있도록 많은 참여를 유도했다. 팔로워 10만 기념 치킨 10마리 나눔 이벤트, 뮤지컬 VIP 티켓 이벤트, 틱톡맨 팬 단톡방 모집 등 일방적인 전달이 아니라 쌍방향 소통을 할 수 있도록 했다. 그리고 영상의 마지막에 "같이 따라 해볼까요?" "생각을 적어주세요"라고 질문을 던지면서 적극적으로 소통할 수 있는 환경을 만들었다. 그랬더니 〈틱톡맨〉 채널을 좋아하는 찐팬들이 많이 늘어나고 있다.

숏폼 공략법 2: 스토리텔링을 담아내야 한다

라이프해커 자청

1장에서 '나의 숏폼 스토리'로 글을 시작했다.

왜 첫 시작을 스토리로 말했을까? 스토리는 사람의 마음을 끌어당기는 마법이 있기 때문이다. 당신이 좋아했던 위인, 연예인, 인플루언서, 유튜버, 정치인도 스토리텔링의 마법을 부렸다. 당신이 몰랐을 뿐이다. 이것 하나만 잘 적용해도 숏폼 팔로워 1천 명을 쉽게 넘을 것이라고 장담한다.

구독자 39만 자기계발 유튜버 자청님의 인생 스토리를 알고 있는가? 자청님의 채널을 구독하고 있는 분은 질문을 받자마자 생각이 날 것이다. 머리에 딱! 붙어 있을 것이다. 그것은 바로 '전교 꼴찌 외모, 20개 알바 탈락, 지방 야간대, F학점 오타쿠'에서 '연봉 10억 법

84만뷰
연봉 10억을
만들어준 5권의 책
9:39
오타쿠 흙수저의 인생을 연봉 10억으로 바꿔준 5권의 책
조회수 97만회 • 4년 전

▲ 자청님의 스토리를 녹여낸 유튜브 영상

인 대표'가 된 스토리다.

자청님은 스토리텔링의 힘을 알고 있었다고 생각한다. 이것을 유튜브에 활용했다. 자청님의 스토리를 녹여낸 위의 유튜브 영상은 2023년 11월 기준 조회수가 96만 회로, 자청님 채널의 76개의 영상에서 3위에 오른 영상이 되었다. 이처럼 스토리텔링은 영상 SNS에서 가장 큰 힘을 발휘한다. 왜 그럴까?

영상 플랫폼에 관심 있는 분이라면 시청 지속 시간이 중요하다는 것을 알고 있을 것이다. 시청 지속 시간은 10분 길이의 영상 시청 시간을 측정하는 것이다. 시청 지속 시간이 영상의 50%가 나오면 5분 동안 영상을 보았다는 것을 의미한다. 100%가 나오면 영상을

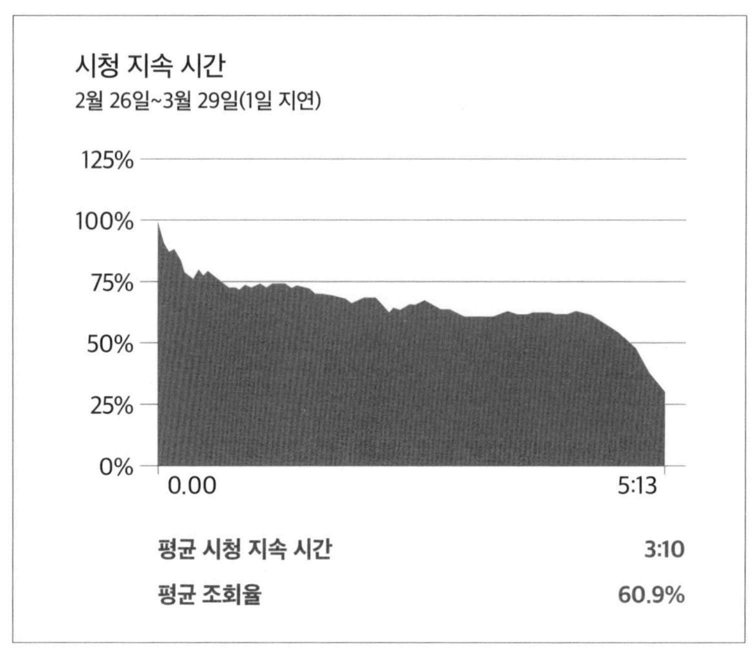

▲ 시청 지속 시간 데이터

끝까지 본 것이다.

알고리즘은 사람이 아니다. 주관적으로 영상의 좋고 나쁨을 판단하지 못한다. 데이터로 판단한다. '사람들이 많이 클릭하는가? 오래 보는가?'를 판단해서 영상의 퀄리티를 평가한다. 그리고 높은 평가를 받은 영상의 시청 대상을 확장하면서 영상을 노출한다. 이렇기 때문에 영상 알고리즘에 있어서 스토리텔링은 가장 효율적인 방법이 된다. 스토리는 결말을 보기 위해서 영상을 끝까지 보게 만드는 힘이 있기 때문이다.

숏폼의 실제 사례를 살펴보겠다. 숏폼 그룹 코칭 2기에 참여했던

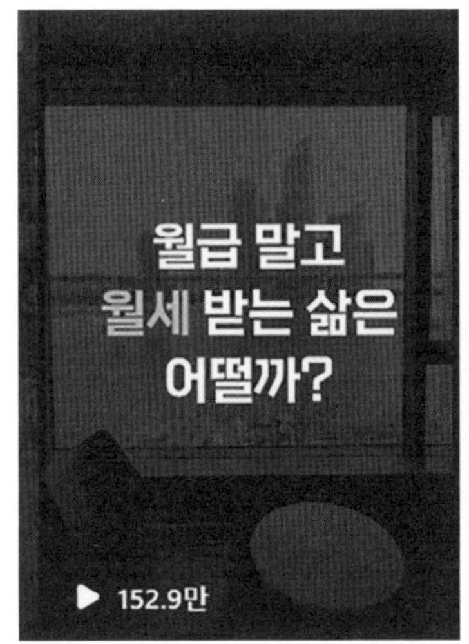

▲ 월급 말고 월세받는 삶은 어떨까?

연대리님이 있다. 부동산 관련 인스타그램 채널을 운영하고 있었다. 채널을 시작할 때, 자신의 스토리텔링 숏폼 영상 제작이 중요하다고 코칭해드렸다. 그룹 코칭에서 나눴던 이야기를 토대로 영상을 만들었다.

위의 스토리텔링 영상을 올리자 이 숏폼 영상 한 개로 릴스 조회수 152만 회와 팔로워 1만 5천 명 증가, 틱톡 조회수 95만 회, 팔로워 0명에서 9천 명 증가의 성과를 얻을 수 있었다. 많은 사람이 연대리님의 이야기에 공감하면서 팔로워가 급격히 늘어난 것이다. 23초의 영상을 23초 끝까지 본 사람의 비율이 높았다.

월세 받는 삶

영상이 아니라 채널을 키워온 과정 자체로도 스토리텔링이 될 수 있다. 채널의 성장과 함께 채널 운영자를 좋아하고 신뢰하는 사람들이 많아지는 것이다.

정리하면, 스토리텔링은 크게 2가지가 있다.

- 크리에이터 자신의 스토리텔링
- 채널 성장 과정의 스토리텔링 넣기

숏폼에서 스토리텔링은 채널의 성공과 실패를 가른다고 생각한다. 인물과 스토리텔링이 없는 채널은 쉽게 잊히는 채널이 되기 때문이다. 그렇다면 스토리텔링의 마법은 왜 생기는 것일까?

사람이 2시간 동안 한 자리에서 집중하며 앉아 있는 것이 과연 가능할까? 그건 정말 힘들다. 휴대폰을 보면서 계속 딴짓을 한다. 학창 시절의 수업 시간을 생각해보면 된다. 수업 시간 50분도 우리는 집중하기가 어렵다.

그렇지만 영화관에서는 어떨까? 한 자리에서 2시간 동안 영화가 끝날 때까지 앉아 있는다. 즉 스토리텔링은 사람을 집중시키고 끝까지 보게 만든다. 영화와 드라마를 볼 때 결말만 보고 끝내지 않는다. 스토리는 시작부터 결말까지 모든 과정을 기대하면서 재미를 느끼게 만든다.

스토리텔링은 진화심리학과 연결되어 있다. 약 90년 전인 1930년 국세 조사 당시 조사된 조선인의 문맹률은 77%였다. 23%의 양반층만 글을 읽고 배울 수 있었다. 그 이전에는 글을 읽고 배울 수 있는 사람이 더욱 적었다. 그래서 인류의 배움은 글이 아니라 언어로 이루어졌다. '이야기'로 배우고 기억했다. 원시시대에 모닥불 앞에 앉아서 나눈 할아버지·아버지·친구의 이야기가 교육이었다. 지식을 기억하고 전하는 방법이었다. 그리스·로마신화, 단군신화, 토끼와 거북이, 견우와 직녀, 선녀와 나무꾼의 이야기로 전해진다. 그리고 몇천 년이 지난 지금도 기억되고 있다. 무엇보다 인간은 이야기를 재미있어 한다. 지금까지도 우리가 영화, 드라마, 웹툰, 소설, 뮤지컬 등에 빠지는 이유다.

이것은 본능이다. 즉 인간의 뇌는 이야기로 기억하는 것을 즐긴다. 그러니 정보가 아니라 이야기로 전달해야 기억될 수 있다. 재미를 느낀다. 그리고 스토리텔링은 감정을 일으키고 행동하게 만든다.

앞서 팔로워가 늘어나는 'SNS 스토리텔링 2법칙'을 정리해보았다. 숏폼 채널을 만들 때 바로 이 2법칙, 즉 '나의 스토리텔링 넣기'와 '채널의 성장 과정 자체가 스토리텔링이 되게 하기'를 잊지 말아야 한다.

〈틱톡맨〉 채널은?

해당 영상

"33세 유부남은 왜 틱톡맨이 되었을까?"라는 스토리텔링 영상을 만들었다. 어떻게 틱톡을 시작했고, 어떤 어려움이 있었고, 무엇을 하고 싶은지 소개하는 영상이었다. 그리고 이 영상을 고정으로 채널 상단에 올

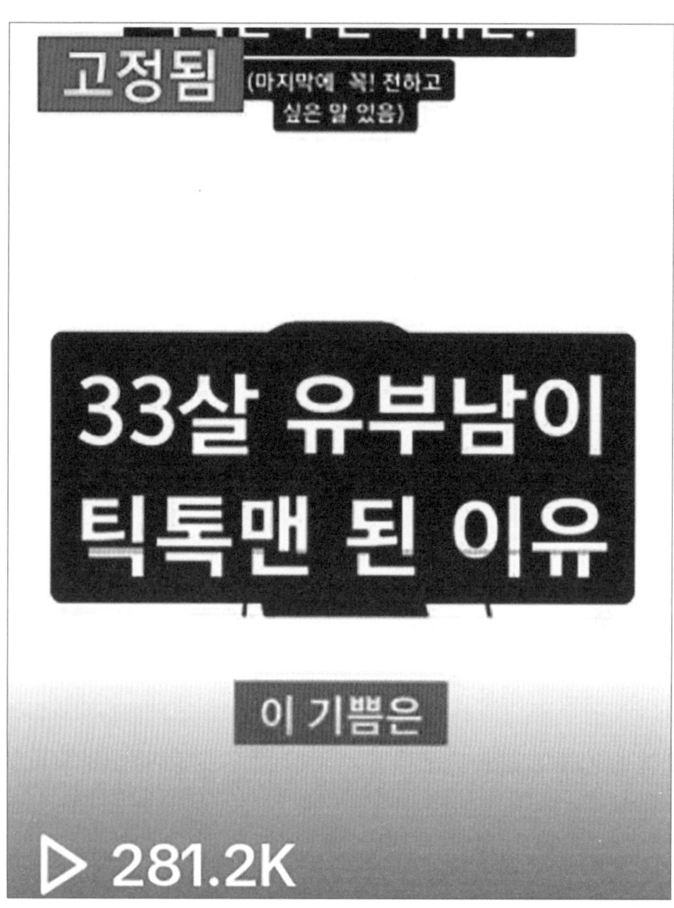

▲ 나의 스토리텔링 영상

려두었다. 이 영상을 본 사람은 팔로워를 할 확률이 높아지고, 찐팬이 될 확률이 높을 것이다.

다음은 〈틱톡맨〉 스토리텔링 영상 대본이다. 1분 정도의 시간을 맞추기 위해서 간략한 대본으로 제작했다. 이 대본 구성을 여러분이 따라 해도 좋다.

"33세 유부남 틱톡맨이 틱톡을 시작한 이유는?"

틱톡맨은 요리사였다. 그런데 요리사 일을 하기 싫었다. 월급은 적고, 일은 힘들고, 미래가 보이지 않았다.

방법을 찾고자 책을 읽었다. 책에는 이렇게 적혀 있었다.

"남이 시켜서 하는 것이 아니라, 내가 정말 하고 싶은 일을 해야 한다. 그리고 도전해라."

나는 1인 크리에이터가 되고 싶었다. 그런데 도전이 두려웠다. "내가 잘할 수 있을까?" "악플 달리고 욕먹지 않을까?" 고민만 하고 시작하지 못했다.

틱톡맨은 유튜브를 많이 봤다. 유튜브에서 우연히 멘토를 만나게 되었다. 유튜버 멘토는 이렇게 말했다. "유튜브를 하면 유튜버가 됩니다. 하지 않으면 변하는 것이 없습니다."

나는 용기를 얻었다. 영상과 책으로 공부했다. 그리고 유튜브를 시작했다. 기획, 촬영, 편집을 했다. 8시간이 걸려서 한 개의 영상을 올렸다.

첫 영상을 올리고 기뻤다. 그런데 이 기쁨은 오래가지 않았다. 왜? 망했기 때문이다.

올린 영상에 반응이 없었다. 구독자 100명도 모으지 못했다. 조회수도 100회를 넘기기가 힘들었다.

나는 능력도 없고, 크리에이터는 나의 적성과 맞지 않는다고 생각했다. 결과를 받아들이기가 힘들고 어려웠다.

그래도 포기하지 않고 계속했다. 하지만 구독자는 변함이 없었다. 구독자를 볼 때마다 한숨만 나왔다.

새로운 채널을 만들어서 도전했다. 스마트폰으로 유튜브 시작하는 방법을 알려주는 채널이었다. 포기하지 않으니 크리에이터 능력이 올라갔다. 구독자 증가 속도가 빠르지는 않았지만, 꾸준히 늘었다.

그러다 구독자 1천 명이 넘어서 수익도 생겼다. 크리에이터로 자리 잡을 수 있는 기반이 되었다. 유튜브로 월급보다 돈을 더 많이 버는 경험도 했다. 지금도 자동으로 매달 유튜브 수익이 생긴다.

하지만 유튜버로 지속하는 것은 어려움이 있었다. 스마트폰으로 촬영 및 편집하는 틱톡맨에게 6시간 이상 영상 제작 시간은 한계가 있었던 것이다.

"어떻게 해야 하지…" 고민하던 중에 틱톡맨은 숏폼을 알게 되었고 틱톡을 알게 되었다. 틱톡은 스마트폰 촬영과 편집만으로 채널을 운영할 수 있다.

또한 전 세계 사람들이 틱톡을 좋아했다. 숏폼인 틱톡은 유튜브를 넘어설 수 있는 영상 플랫폼이 될 것이라고 생각했다. 엄청난 비전과 기회가 있음을 직감했다. 우리들이 알고 있는 성공한 유튜버처럼, 성공한 틱톡커들이 많이 생길 것이라고 생각했다.

그래서 틱톡맨이 되기로 했다. 틱톡맨이 되어서 틱톡의 흥미로운 정보와 노하우를 나누는 것이다. 틱톡을 재미있게 볼 수 있도록 하는 것이다. 또 다른 사람이 틱톡커로 성공하는 것을 돕는 것이다. 이러한 스토리로 틱톡맨은 틱톡을 시작했다.

이야기가 어떠했는가? 여기까지 들어준 사람은 나이가 모두 다르겠지만, 나의 친구라고 생각한다. 나의 이야기를 들어주고 공감했기 때문이다.

고맙다. 베프까지 되었으면 좋겠다. 앞으로 틱톡의 흥미로운 것과 이득이 되는 것을 많이 알려주겠다.

숏폼 공략법 3: 가치를 줄 수 있어야 한다

숏폼 조회수와 구독자를 늘리기 위해서 무엇이 필요할까? 노출 클릭률? 시청 지속 시간? 좋댓공(좋아요, 댓글, 공유)? 모두 맞다. 하지만 핵심적인 점은 시청자들에게 이득을 줄 수 있어야 한다. 왜냐하면 사람들은 이득을 따라서 행동하고, 이 행동은 알고리즘이 되기 때문이다.

시청자들이 좋아하는 영상을 볼 때 행동하는 패턴이 있다. 좋아요, 댓글, 공유, 팔로워, 다른 영상 보기, 다시 보기, 채널 접속하기, 프로필 확인하기, 링크 클릭하기 등 여러 가지 행동을 보인다. SNS 플랫폼은 이 행동 패턴을 알고리즘화해두었다. 이를 평가하고 관련 행동을 잘 이끌어내는 영상을 추천해준다. 사람들이 좋아하는 영상이라고 판단하기 때문이다.

플랫폼에서 좋은 영상들이 많이 추천되어야 사람들이 숏폼 영상을 많이 볼 것이다. 플랫폼에서 광고도 많이 보게 된다. 그래야 플랫폼의 수익이 올라간다. 바로 이것이 숏폼 플랫폼 회사들의 목표다.

그렇다면 사람들은 어떤 영상을 가장 좋아할까? 인간 본능을 살펴보아야 한다. 인간은 자신에게 이득이 되는 것을 좋아한다. 반대로 손해인 것은 피한다. 인간은 이득 유무에 따라서 행동한다. 스스로의 행동을 유심히 살펴보면 된다. 그렇구나! 싶을 것이다.

영상을 시청하는 당신의 행동 패턴을 생각해보겠다. 늘 그렇듯이 쉬거나 출퇴근할 때 유튜브, 틱톡, 인스타그램을 실행할 것이다. 그리고 화면에 수많은 영상이 노출될 것이다. 노출되는 영상에서 재미, 도움, 호기심, 관심 등 이득과 가치가 느껴지는 영상만 볼 것이다. 영상을 보면서 당신은 무의식적으로 판단한다. '나에게 도움이 되는가? 재미있는가? 이득이 되는가?'

이러한 조건에 부합되지 않으면 당신은 1초 만에 바로 다른 영상을 보기 위해서 손가락으로 넘길 것이다. 즉 사람들은 자신에게 이득이 되지 않는 영상을 절대로 보고 있지 않는다. 추천되는 숏폼 영상을 보다가 이득이 있을 것 같으면 채널에 들어가볼 것이다. 다른 영상들을 살펴보고, 마음에 들었을 때 팔로우 버튼을 누를 것이다. 팔로워하면 앞으로도 이득을 얻을 수 있을 것이라고 예상하기 때문이다.

그러므로 숏폼의 조회수와 구독자를 늘리기 위해서는 반드시 시청자들에게 이득을(욕구 + 문제 해결)를 줄 수 있는 영상을 만들어야 한다. 사람은 자신의 욕구를 채워주고 문제를 해결해주는 것을 이득으로 본다. 그리고 이런 영상이 쌓여 있는 채널은 '이득 저장소'가 될 수 있다. 그러면 사람들이 저절로 찾아오는 채널이 된다. 이런 채널은 많은 사람들에게 공유가 되고, 소문도 널리 퍼진다.

그렇다면 이득은 무엇일까? 사람마다 느끼는 이득은 주관적이다. 하지만 보편적인 부분이 있다. 이를 조금 더 구체적으로 설명해드리겠다.

인간의 주요 욕구

이익을 얻고 싶다	불안을 없애고 싶다	스트레스를 해소하고 싶다
기분이 좋아졌으면 좋겠다	쾌적했으면 좋겠다	시간을 단축하고 싶다
놀고 싶다	고통에서 해방되고 싶다	성장하고 싶다
자극이 필요하다	인정받고 싶다	젊어지고 싶다
목표를 달성하고 싶다	좋은 것을 갖고 싶다	맛있는 음식을 먹고 싶다
권력을 얻고 싶다	자유로워지고 싶다	건강해지고 싶다
이성에게 관심을 받고 싶다	사랑받고 싶다	우월해지고 싶다
편해지고 싶다	친구가 되고 싶다	지위나 명성을 얻고 싶다
낭비를 줄이고 싶다	예뻐지고 싶다	힐링을 하고 싶다

출처: 『마케터의 문장』 가나가와 아키노리 저

책 『마케터의 문장』에 나온 인간의 주요 욕구다. 나의 숏폼 영상에 주요 욕구를 채워줄 수 있는 내용을 담으면 된다. 이를 간단하게 요약하면 '이득을 주고 손해를 피하게' 해주면 된다. 그리고 이득과 손해는 인간의 생존과 번식에 연결된다. 인간은 자신의 생존과 번식에 도움이 되면 이득이라고, 피해를 주면 손해라고 생각한다.

예를 들면 돈을 얻는 것은 생존과 번식에 큰 도움이 된다. 의식주를 해결할 수 있기 때문이다. 그래서 돈을 주고 벌게 해주는 사람은 좋은 사람이고, 돈을 뺏고 달라고 하는 사람은 나쁜 사람이라고 판단하는 것이다.

즉 '이득 저장소 이론'은 사람들에게 가치를 전달할 수 있는 숏폼 영상을 만들고, 이러한 영상이 모여 있는 채널을 만드는 것이다.

그리고 추가적인 포인트가 있다. 일관성이 있는 이득 저장소가 되어야 한다. 골프를 잘 치는 방법에 대한 이득 저장소, 좋은 숙박업소를 고르는 방법을 알려주는 이득 저장소, 싸고 맛있는 음식점을 알려주는 이득 저장소 등 일관성 있는 이득을 전달해야 한다. 그래야 이득이 증폭되고 팔로워가 모이게 된다.

〈틱톡맨〉 채널은?

〈틱톡맨〉 채널의 한 개 영상을 보고 나면 다른 영상도 계속 찾아볼 수 있도록 기획했다. 틱톡의 유행과 정보에 관심이 있는 사람들이 이득을 느낄 수 있도록 했다. 일관성 있는 틱톡 정보와 유행을 주제로 영상을 만들었다.

인간의 주요 욕구인 '이득을 얻고 싶다' '자극이 필요하다' '성장

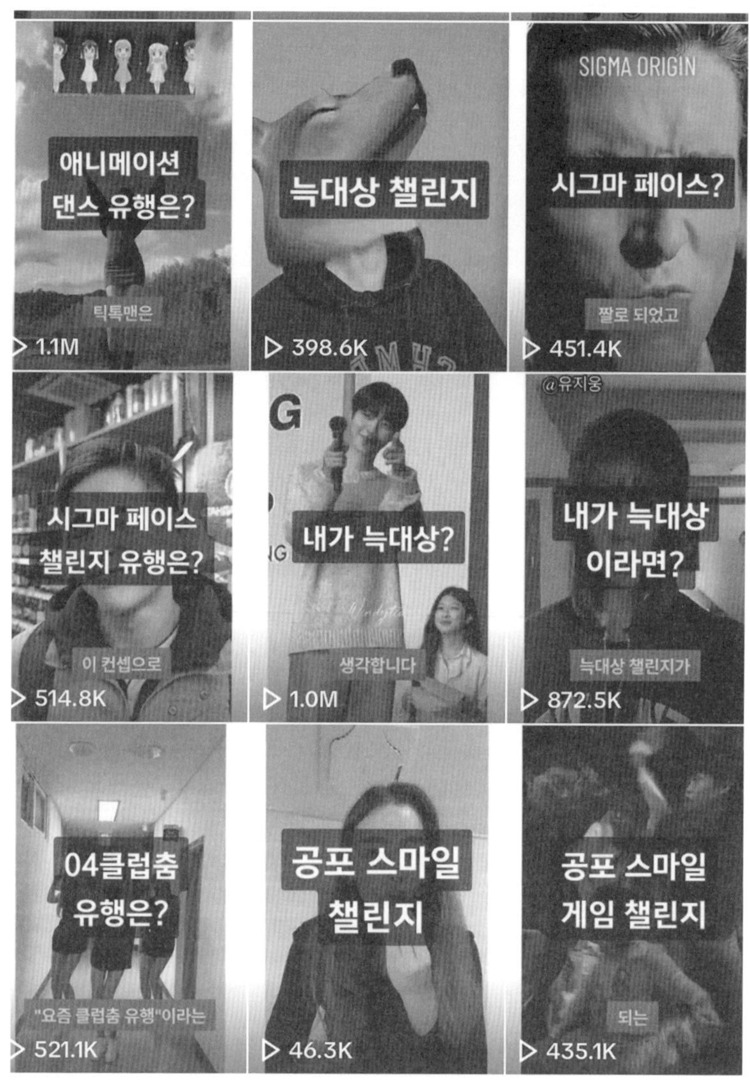

▲ 이득을 담고 있는 〈틱톡맨〉 채널의 영상들

하고 싶다' '기분이 좋아졌으면 좋겠다' '우월해지고 싶다'는 욕망을 채울 수 있도록 하고 있다.

인간은 새로운 정보에 재미를 느낀다. 궁금증이 생긴다. 그리고 새로운 정보를 많이 알수록 삶에 도움이 된다. 이것이 우리가 뉴스를 보는 이유다.

〈틱톡맨〉 채널은 틱톡의 정보를 소개하면서 지식을 전달한다. 그리고 새로운 유행과 트렌드를 알려주면서 재미를 제공한다. 〈틱톡맨〉 채널을 팔로우하면 숏폼의 최신 정보와 유행을 알 수 있다. 이것이 〈틱톡맨〉 채널이 저장하고 있는 가치다.

숏폼 공략법 4:
처음 1초 만에 사로잡아야 한다

숏폼은 처음 1초를 사로잡지 못하면 다음은 없다. 10시간 동안 만든 영상도 1초 안에 승부를 보지 못하면 사람들에게 전달될 수 없다. 첫 1초에서 반응을 얻지 못하면 2초, 3초까지 보지 못하기 때문이다. 그리고 숏폼은 1분 이하의 영상을 손가락을 위로 올리면서 시청한다. 영상 전환이 빠르다. 그렇기 때문에 1초에서 손가락을 멈추게 하지 못하면 조회수는 오르지 않는다.

서점에서 책을 고를 때, 책의 표지와 제목이 먼저 눈에 띄어야 책이 판매될 수 있다. 마찬가지로 숏폼 영상 제작 시에는 첫 1초에 50% 이상의 노력을 들여야 한다.

'영상의 제목은 어떻게 할까?' '영상의 첫 장면은 어떻게 구성할까?’ ‘첫 멘트는 무엇을 할까?’에 대해 생각하고 영상을 만들어야 한다. 숏폼에서 1초를 사로잡는 영상들의 첫 장면을 예시로 보여드리겠다. 그리고 처음 1초를 사로잡는 방법을 알려드리겠다.

다음을 궁금하게 하라

다이어트 장인의 관련 영상

첫 번째 사진의 ‘5초 안에 얼마나 뚱뚱한지 알 수 있는 방법!’, 이런 카피로 시작되는 영상이 노출된다. 다음이 궁금해지지 않는가? 첫 장면 제목의 카피라이팅으로 시선을 사로잡고 다음 장면까지 보게 만들 수 있다.

두 번째 사진은 어린아이 2명이 도미노를 시작하려고 준비 중이

다. 도미노의 규모가 엄청나게 커 보인다. 도미노가 어떻게 쓰러질지 다음 장면이 궁금해진다.

이처럼 첫 장면이나 첫 장면의 제목으로 이목을 끌어서 다음 장면까지 볼 수 있게 해야 한다. 그래야 영상이 추천되면서 조회수를 높일 수 있다. 다음을 궁금하게 만드는 것이다. 기사의 제목, 유튜브의 섬네일, 영화의 예고편, 글쓰기의 첫 문장과 동일한 기능을 한다고 생각하면 된다.

역설적인 모습을 보여주어라

랄랄의 관련 영상

첫 번째 장면은 용돈 담기 영상이다. 눈을 가린 상태에서 뒤집개로 접시에 담은 만큼 용돈을 가져가는 모습이다. '용돈+아버지+뒤집개'가 서로 맞지 않아서 역설적인 상황이 생겼다. 사람들은 '이 상황이 뭐지?' 라고 생각을 하게 된다. 그리고 관심이 생긴다. 이 사진을 본 당신도 '뭐지?' 이런 생각을 했을 것이다.

두 번째 장면은 남성이 눈 쌓인 산에서 목줄을 맨 호랑이를 데리고 다니는 모습이다. 실제로 일어날 수 없는 상황이다. 역설적인 모습이다. 야생 호랑이는 강하다. '무섭다'의 의미가 있다. 목줄은 반려동물을 떠오르게 한다. 상반된 장면이 나와 있다. '이게 무슨 상황일까?' 하는 생각이 들 것이다.

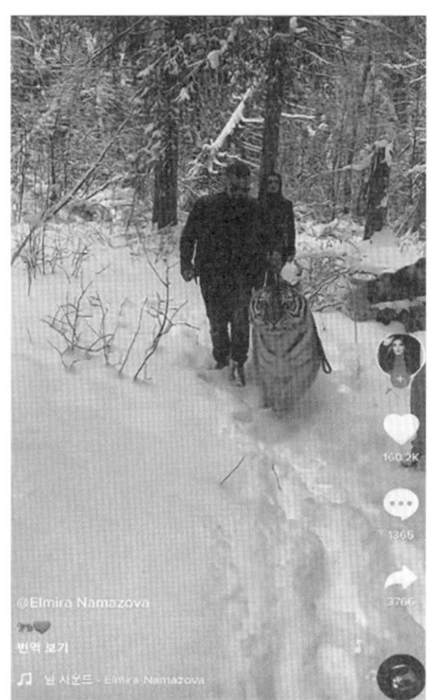

1초에 시선을 사로잡기 위해서는 역설을 활용해야 한다. 서로 반대되는 개념이 하나로 합쳐지는 것이다. 예를 들면 클럽에서 춤추는 80대 할아버지, 노인정에서 바둑 두는 여섯 살 유치원생, 대학로에서 연극을 하는 대기업 엔지니어, 한 끼에 라면 10개 끓여 먹는 몸무게 50kg 여대생 등 이렇게 상반되는 개념을 같이 두면 사람들의 첫 관심을 끌 수 있다.

놀랄 만한 장면을 보여주어라

최시원의 관련 영상

첫 번째 장면에 가수 슈퍼주니어의 최시원이 말을 타고 나왔다. 갑자기 놀라게 되었고 다음 영상까지 보

게 되었다. 두 번째 장면은 식칼을 들고 전자레인지를 자르고 있다. '어떻게 전자레인지를 식칼로 자르지?' 생각하고 놀랐는데, 알고 보니 전자레인지 모양의 케이크였다.

첫 장면에서 사람들을 놀라게 하면 다음 장면까지 영상을 보게 할 수 있다. 영상을 제작할 때, 와우 포인트(놀람 포인트)를 첫 장면에 넣으면 첫 1초를 잡을 수 있다.

〈틱톡맨〉 채널은?

1초를 사로잡을 수 있도록 첫 문장을 질문으로 시작한다.

'싸이가 처음으로 틱톡을 하면 생기는 일은?'

'틱톡 조회수 1회는 돈으로 얼마일까?'

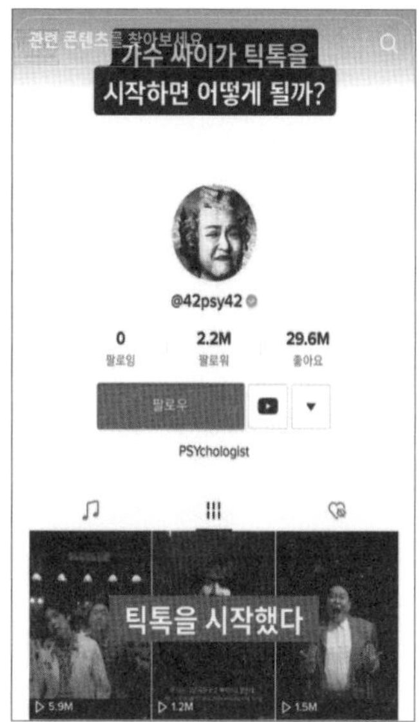

'19세에 창업한 고등학생 틱톡커가 있다고?'

이런 식으로 시작을 궁금하게 했다. 영상 상단에 카피라이팅 문구를 넣었다. 의문을 던지고 답을 말해주는 형식을 가지고 있다. 의문을 던지면 답을 알고 싶어서 영상을 계속 보게 되기 때문이다.

첫 장면의 영상을 고를 때도 가장 신중하게 고른다. 시선을 강하게 사로잡을 수 있는 영상을 고르고 있다. 1초를 잡지 못하면 다음은 없기 때문이다. 그리고 확대되기, 튀어나오기, 옆으로 늘어나기 등 쓸 수 있는 효과를 모두 쓰고 있다.

숏폼 공략법 5: 공유되는 영상을 기획하라

공유되는 영상은 조회수가 올라간다. 틱톡, 릴스, 유튜브 모든 플랫폼의 공통점이다. 공유와 조회수에는 상관성이 있다. 공유가 많이 되는 횟수에 따라서 조회수가 늘어나고, 시청 지속 시간도 늘어난다. 쇼츠, 릴스, 틱톡의 영상 반응을 실시간으로 살펴볼 때도 같았다. 공유가 잘되는 영상이 많은 조회수, 좋아요, 노출도를 얻었다.

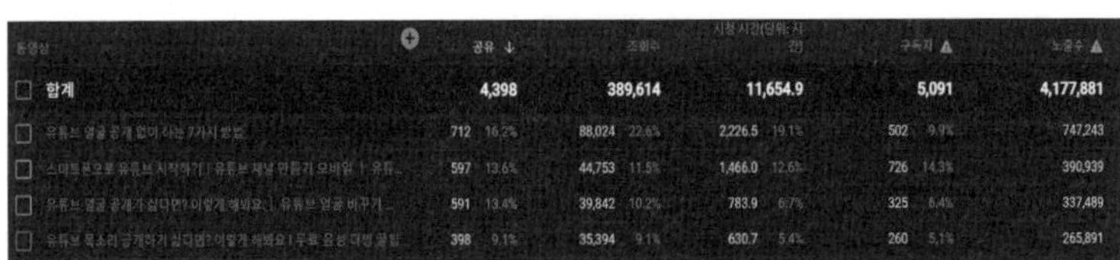

동영상	공유 ↓	조회수	시청 시간(단위: 시간)	구독자	노출수
합계	4,398	389,614	11,654.9	5,091	4,177,881
유튜브 얼굴 공개 없이 하는 7가지 방법	712 16.2%	88,024 22.6%	2,226.5 19.1%	502 9.9%	747,243
스마트폰으로 유튜브 시작하기 | 유튜브 채널 만들기 모바일 | 유튜...	597 13.6%	44,753 11.5%	1,466.0 12.6%	726 14.3%	390,939
유튜브 얼굴 공개가 싫다면? 이렇게 해봐요 | 유튜브 얼굴 바꾸기...	591 13.4%	39,842 10.2%	783.9 6.7%	325 6.4%	337,489
유튜브 목소리 공개하기 싫다면? 이렇게 해봐요 | 무료 음성 더빙 꿀팁	398 9.1%	35,394 9.1%	630.7 5.4%	260 5.1%	265,891

▲ 공유와 조회수의 상관 데이터

왜 그럴까? 플랫폼 입장에서 가장 좋은 것은 유저가 플랫폼에 오랫동안 머무르는 것이다. 더 좋은 것은 다른 플랫폼에서 우리 플랫폼으로 유저들을 뺏어오는 것이다. 그래야 우리 플랫폼 안에서 유저들이 시간을 오래 보내고 광고를 보고 상품을 구매하기 때문이다. 이러한 이유로 알고리즘은 공유가 많이 되는 영상을 좋은 영상으로 판단하게 된다. 공유되면 경쟁사에서 사람들을 뺏어오는 효과가 난다. 그러면 알고리즘은 이 영상을 더 많이 노출시켜줄 것이다. 노출이 많이 될수록 사람들이 이 영상을 더 많이 보고, 더 많이 공유할 것이기 때문이다. 그러므로 공유가 되는 영상을 기획하는 것이 매우 중요하다.

그렇다면 사람들은 어떤 영상을 공유할까? 이를 알려면 인간의 본성을 이해해야 한다. 사람들이 공유하는 한 가지 이유는 이기심이다. 공유하는 행동은 이타적이지만 그렇게 행동하는 이유는 100% 이기심에서 비롯된다. 타인을 위한 이타적인 마음에서 공유하는 것이 아니다. 자기만족을 위해 무언가를 공유하는 것이다. 내가 좋은 것을 공유함으로써, 보는 사람이 좋아하고 그들에게 도움이 된다는 것에 만족감을 느끼는 것이다. 그래서 해당 영상을 보는 사람을 만족시키는 것이 첫 번째다. 해당 영상을 보는 사람이 만족해야 지인들에게 보여주는 행동으로 이어질 수 있다.

영상을 보는 사람이 일단 만족해야 공유가 된다. 만족을 주지 않는 영상은 공유되지 않는다. 내가 친구나 지인에게 공유해주는 영상은 내가 만족하고 좋았기 때문에 공유하는 것이다.

총 공유 횟수 5천만 회에 달하는 인기 영상 제작자 팀 스테이플스의 책 『유튜브 7초에 승부하라』에 '공유를 만드는 5가지 감정'이 소개되어 있다.

- **행복**: 당신은 행복할 때 어떤 행동을 하고 싶은가? 자주 그 감정을 친구와 공유하고 싶지 않은가? 행복하게 만드는 영상도 이 같은 심리를 통해서 공유된다.
- **경탄**: 사람들은 본 적 없고, 새롭고 이상하며 흥미로운 일에 의해서 경탄의 감정을 가진다. 그러한 감정을 느끼면 공유하게 될 것이다.
- **공감**: 공감은 제대로만 하면 강력한 공유 도구가 될 수 있다. 사람들은 의미 있는 방식으로 사람들과 연결되길 바라기 때문이다. 공감은 공유를 불러일으킨다.
- **호기심**: 사전에 호기심은 '알거나 배우고 싶은 욕망'이라고 정의되어 있다. 사람들의 본질에는 호기심이 있다. 호기심을 일으키는 영상을 알리고 싶다.
- **놀람**: 놀라게 하면 공유한다. 놀라운 장면이나 상황들을 접하면 사람들에게 알려주고 싶어진다. 친구와 가족에게 카톡으로 놀랄 만한 영상을 공유해본 적이 있지 않은가?

숏폼 영상을 제작할 때 영상에 행복, 경탄, 공감, 호기심, 놀람의 감정을 느낄 수 있는 기획을 해보자. 그리고 영상에 공유를 요청하는 내용을 넣으면 공유할 확률이 50% 이상 높아진다.

〈틱톡맨〉 채널은?

틱톡 세계
1위 도전
틱톡맨 영상

공유되는 콘텐츠를 기획했다. '틱톡 댓글 수 세계 1위 영상 만들기' 영상을 제작했다. 틱톡 세계 1위 댓글 수 영상은 2021년에 올린 영상으로, 1천만 개의 댓글이 있다. 그래서 이 댓글의 숫자를 다시 한번 넘어보자고 말하면서 영상을 만들었다. 공유가 될 수 있도록 응원도 부탁했다.

이 영상은 8월 1일에 올렸는데, 한 달이 지나고 11만 개의 댓글이 달렸다. 그리고 공유도 476회가 되었다. 지금도 계속 올라가고 있다. 호기심과 공감의 감정을 자극했다. 전 세계 1위 댓글 수 영상을 만들어보자는 공감대를 형성한 것이다. 그리고 이 영상은 계속 바이럴되면서 퍼지고 있다.

숏폼 공략법 6:
팔로워와의 신뢰를 구축하라

숏폼 채널을 잘 운영하는 데 신뢰가 왜 필요할까? 신뢰는 관계의 시작이고, 끝이기 때문이다. SNS의 뜻은 'Social Networking Service'로, 온라인상에서 이용자들이 인적 네트워크를 형성할 수 있게 해주는 서비스를 말한다. 즉 SNS는 온라인 인간관계다.

"상즉인 인즉상(商卽人 人卽商), 장사란 이익을 남기기보다는 사람을 남기는 것이다. 사람이야말로 장사로 얻을 수 있는 최대의 이윤이다."

소설책과 MBC 드라마로 재미있게 보았던 〈상도〉의 명대사다. 〈상도〉는 조선후기(1796년)에 무역상 최초로 국경지대에 인삼 무역권을 독점한, 천재적인 거상 임상옥을 다룬 이야기를 담고 있다. 거상 임상옥은 이윤보다 신뢰를 택했고, 중요한 사람들을 얻었다. 그

▲ 이윤보다 사람을 택한 거상 임상옥

출처: 따뜻한 하루

사람들이 위기 때마다 임상옥을 도왔고, 임상옥은 조선의 큰 부자가 되었다. 임상옥은 단기적인 금전적 이익보다 사람을 얻는 것이 장사의 최대 이윤이라는 것을 알렸다.

거상 임상옥이 오늘날 한국에 나타난다면, 크리에이터들에게 이렇게 말했을 것이다.

"자극적인 영상으로 조회수를 올려서 수익을 얻을 생각보다, 팔로워와의 관계에서 먼저 신뢰를 쌓으세요."

먹방 유튜버 1세대로 국내에서 최고의 인기를 누렸던 300만 유튜버가 있었다. 판매 허위 광고 논란으로 같은 날 사과 및 해명 영상을 올렸다. 그러나 전혀 반성하지 않는 듯한 태도를 보이면서 100만 명 이상의 구독자가 줄어드는 한국 유튜브 신기록을 세웠다. 이 사건 이후로 그는 구독자들에게 신뢰를 잃었다. 영상을 올려도 낮은 조회수와 악플이 계속 따라왔다.

구독자 300만 명 유튜버, 전 국민에게 알려진 유튜버는 왜 이렇게 되었을까? 신뢰를 잃었기 때문이다. 사업 확장을 위해 문제가 있는 광고도 마다하지 않았다. 뿐만 아니라 이에 대해 해명을 할 때 이전의 이미지와 전혀 다른 말과 행동, 생각을 보여주었다. 이 모습 때문에 그동안 쌓아왔던 이미지와 신뢰가 깨지게 되었다. 높게 쌓아왔던 인기, 명성, 권력을 한순간에 무너뜨리는 것이 신뢰다.

다시 반대로 생각해보겠다. 신뢰를 잘 쌓는다면 어떻게 될까?

▲ 〈쯔양〉 유튜브 채널

2020년 9월에 유튜버 뒷광고 논란 사건 때, 활동 중단을 선언했던 먹방 유튜버인 쯔양님이다. 논란 이후에 쯔양님은 다시 유튜버로 복귀했다. 논란 이후에 그렇다 할 외면을 받지는 않았다. 오히려 논란 이전보다 더 많은 조회수와 구독자의 관심을 받고 있다. 이 차이는 무엇일까?

쯔양님은 구독자들과의 관계에서 깊은 신뢰를 쌓았고, 이를 통해서 문제를 잘 극복했기 때문이라고 생각한다. 크리에이터와 구독자 간에 신뢰가 잘 형성되어 있다면, 구독자와 조회수 모두를 가져갈 것이다. 그래서 신뢰는 숏폼러에게 가장 중요한 요소다.

영상에서는 모든 것이 드러난다. 얼굴 표정, 말투, 행동, 분위기도 영상으로 느껴진다. 그 어떤 것도 숨길 수가 없다. 자신의 채널, 주제, 콘텐츠에 진심이 있어야 장기적으로 성장해나갈 수 있다. 팔로워 수는 곧 신뢰의 크기다. '팔로워 = 신뢰'의 공식을 잊지 말자.

숏폼에서 신뢰 쌓기가 왜 중요한지에 대해서 철학자 아리스토텔레스의 이야기를 빌려 이야기해보겠다.

소크라테스, 플라톤, 아리스토텔레스는 당시 뭘 하고 살았을까? 이들은 귀족들이라서 노동을 하지 않았다. 이들의 일은 아고라 광장에서 자신의 철학과 사상을 토대로 사람들과 토론하고 대중 연설하는 것이었다. 대중에게 알리고 설득하고 교육하는 것이 평생의 업이었다.

즉 그들은 최고의 토론자이자, 말싸움꾼이었다. 사진, 영상도 없는 시대에서 말 하나로 자신의 철학과 사상을 사람들에게 알리고 설득해야 했다.

아리스토텔레스는 설득에 관한 이야기를 남겼다. 2천 년이 넘도록 그의 말이 전해지는 것은 그 속에 진리가 담겨 있기 때문이라고 생각한다. 그렇지 않았다면, 벌써 그의 말은 사라지고 없어졌을 것이기 때문이다.

아리스토텔레스는 설득을 잘하려면 3가지만 기억하라고 했다.

▲ 아리스토텔레스

▲ 철학자들의 토론 장소였던 아고라 광장

1. 에토스는 '상대에게 나는 어떤 존재인지'를 나타낸다. 즉 상대방을 설득하려면 상대방이 나를 믿을 수 있는 존재인지, 아닌지를 확립해야 한다.
2. 파토스는 감정이다. 상대방의 감정을 알아주면 설득력을 높일 수 있다.
3. 로고스는 논리다. 상대방에게 논리적인 수치, 원인과 결과 등을 제시하면 설득할 수 있다.

이 3가지가 설득의 핵심 요소다. 이 3가지 중에 어떤 부분이 가장 중요한지 묻는다면 저마다 다른 답을 생각할 것이다. 하지만 아리스토텔레스는 로고스(논리)가 10%, 파토스(감정)가 30%, 에토스(신뢰)가 60%의 비중을 차지한다고 했다.

즉 설득의 60% 이상은 '얼마나 신뢰하는가'에 따라서 정해지는 것이다. 숏폼 영상을 보게 하는 것도, 팔로워를 하게 하는 것도 결국 설득이다. 신뢰를 쌓고 설득을 하면 아래와 같은 결과를 이룰 수 있다.

- **SNS 숏폼**: 구독자들과 신뢰 쌓기 → 구독자, 조회수 증가 → 공유 및 홍보
- **사업**: 고객과 신뢰 쌓기 → 판매 및 매출 증가 → 재구매
- **연애**: 애인과 신뢰 쌓기 → 애정 및 사랑 증가 → 결혼 및 2세 탄생

〈틱톡맨〉 채널은?

〈틱톡맨〉
이벤트

팔로워와의 신뢰를 쌓고 있다. 계속 팔로워들과의 접점을 만드는 것이다. 답글 달기, 요청 영상 만들기, 이벤트 진행하기가 접점을 만드는 행동이다. 그리고 이런 연결이 많을수록 신뢰가 높아진다.

'틱톡맨 3행시 이벤트'로 문화상품권 16만 원을 주는 이벤트를 했다. 팔로워가 같이 참여하는 영상을 기획했다.

틱톡맨 음원도 정했다. 이 노래를 숏폼 영상에 사용하면 직접 찾아가는 이벤트를 진행했다. 음원을 사용해준 채널에 찾아가서 댓글을 쓰고 하트를 눌렀다.

팔로워 10만 이벤트도 진행했다. 채널을 팔로우하고 댓글을 적으면 추첨을 통해서 치킨 10마리를 주는 이벤트였다.

단순히 한 번 보고 가는 채널이어서는 안 된다. 장기적으로 성장하는 채널을 만들기 위해서는 팔로워와 소통하고 신뢰를 쌓는 과정이 반드시 필요하다.

신뢰 쌓기는 이렇게 중요하다. 신뢰를 잘 쌓으면 이득이 많아진다. 신뢰를 쌓지 못하면 모든 것이 무너진다.

숏폼을 잘하려면 신뢰를 쌓아야 한다. 거짓과 허위로 조회수와 구독자를 쌓아왔다면, 오히려 더 큰 화를 입는다. 숏폼을 시작한다면, 신뢰 쌓기를 기억하고 기획을 해야 한다. 숏폼을 운영 중이라면, 구독자와 신뢰를 돈독히 쌓아야 한다. 일관성을 가지고 구독자에게 이득과 재미, 도움, 가치를 주면 된다. 이것들이 꾸준히 이루어지면 팔로워들이 신뢰하게 될 것이다. 사람들은 나에게 도움을 주는 사람을 신뢰하고 좋아하게 된다.

숏폼 공략법 7: 에버랜드 이론을 벤치마킹하라

오른쪽 도표의 내용은 숏폼 플랫폼에서 과거에 발표했던 알고리즘이다. 틱톡, 릴스, 쇼츠는 엄연히 다르지만, 비슷한 경향성을 가지고 있다. 알고리즘은 계속 변화하고 있다. 그래서 정답은 없지만, 결과를 통해서 분석할 수 있다.

1. **황금 3초**: 추천된 첫 장면의 1~3초에서 영상을 계속 볼 수 있는 상황을 만든다. 기승전결이 아니라 결론부터 보여주어서 이목을 사로 잡는다. (공략법 4)
2. **반전 매력**: 의외성을 준다. 놀랄 만한 상황, 다시 보게 되는 상황을 만든다. (공략법 4)

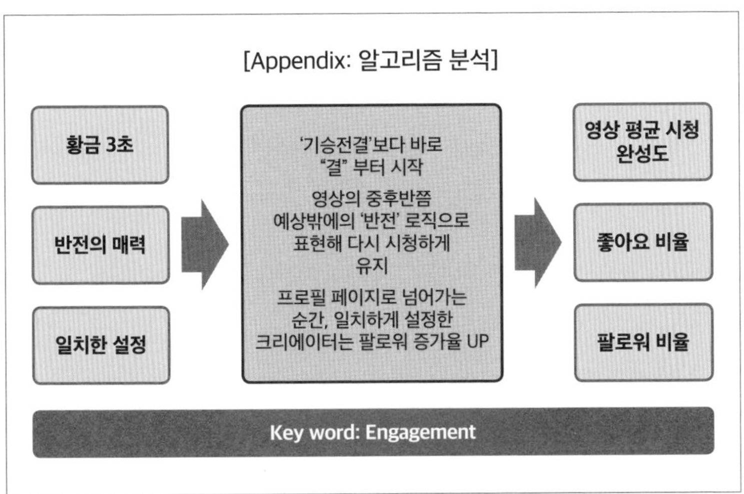

▲ 과거 발표 틱톡 알고리즘 구성

3. **일치한 설정**: 채널의 브랜드와 콘셉트를 맞추는 것이다. 낚시, 농구, 축구, 예능, 독서 등 한 가지 주제로 채널의 콘셉트를 정한다. 일정한 설정이 팔로워를 늘리게 된다. (공략법 3)
4. **영상 평균 시청 시간**: 사람들이 영상을 많이 볼수록 영상이 많이 추천된다. (공략법 3)
5. **좋아요 비율**: 시청한 사람 수와 좋아요의 비율에 따라서 영상이 평가되고 추천된다. (공략법 3)
6. **팔로워 비율**: 해당 영상을 보고 프로필에 들어가서 팔로워하는 비율로 평가되고 추천된다. (공략법 3)

사람들이 영상을 시청하는 반응도에 따라서 영상이 평가되고 알고리즘에 따라 추천된다. 이 평가가 높을수록 추천이 많이 되고, 조회수가 오른다. 그리고 이 알고리즘이 평가를 잘하게끔 만드는 상황과 관련된 비유가 있다. 'SNS 에버랜드 이론'이다.

에버랜드에 가면 어땠나? 에버랜드 안에서 다양한 놀이기구를 탄다. 바이킹, 회전목마, 범퍼카를 타면서 즐겁게 논다. 식사, 기념품, 퍼레이드 등 다양한 것을 찾고 그것이 마음에 들면 그 안에서 시간을 보낸다.

숏폼 채널도 에버랜드처럼 만들어야 한다. 추천된 영상을 보는 것은 한 장의 자유이용권을 받는 것이다. 그리고 숏폼 채널에 들어와 보고 채널에 있는 다른 영상까지 정주행하는 것이다. 좋아요, 댓글, 공유도 누르는 것이다. 그리고 프로필에 있는 설명도 보고, 링크도 클릭해보는 것이다. 그리고 다음에도 또 보고 싶어서 팔로워 버튼을 눌러두는 것이다.

이렇게 나의 채널을 에버랜드처럼 만들어두어야 한다. 그러면 숏폼 알고리즘 입장에서 당신의 채널에 대한 평가를 어떻게 할까? 아주 좋은 채널이라고 생각할 것이다. 시청자가 나가지 않은 채 계속 유지되고 있으며, 많은 반응을 이끌어내니까! 이 반응도를 높이면 채널의 조회수와 팔로워는 저절로 늘어난다. 평가의 지표들이 모두 올라간다.

당신의 숏폼 채널을 최단기간에 멋지게 성장시키고 싶은가? 방법은 간단하다. 당신의 숏폼 채널을 에버랜드로 만들면 된다. '나의 숏폼 채널은 놀이동산처럼 되어 있나?'를 생각해보자.

• 〈틱톡맨〉 채널은? •

〈틱톡맨〉 채널도 놀이동산처럼 만들기 위해 이런 것들을 했다.

1. 황금 3초를 지키기 위해서 초반에 시선을 잡을 수 있는 영상을 배치했다.
2. 반전 매력을 꾀하기 위해서 영상에 생각하지 못한 반전 내용을 넣었다.
3. 일관된 설정을 부여하기 위해서 "뭘까?"라는 의문형을 던지는 포맷을 가지고 있다. 흰색과 검정색이라는 퍼스널 컬러도 지키고 있다.
4. 영상 평균 시청 시간을 지속하기 위해서 영상의 무음 구간을 자른다. 그리고 1.1배속으로 해서 속도감을 올린다. 사진과 영상에 애니메이션 효과를 주어서 집중력을 높인다.
5. 좋아요와 팔로우 비율을 높이기 위해서 좋아요와 팔로우를 영상 내에서 요청한다.
6. 틱톡 내의 채널이 에버랜드와 같은 놀이동산이 될 수 있도록 틱톡의 정보와 유행과 관련된 영상을 모아두었다. 관심 있는 사람들이 왔을 때, 다른 영상도 볼 수 있도록 정리해두었다.

숏폼 공략법 8:
숏폼 트렌드에 올라타라

숏폼은 트렌드가 영상의 노출도에 영향을 주기 때문에 트렌드에 맞추어서 영상을 찍으면 된다. 숏폼 트렌드는 채널 성장에 정말 중요하다. 숏폼 영상이 트렌드로 만들어졌고 확장되었다고 할 수 있을 정도다. 숏폼 트렌드는 숏폼 성장 요소에 50%를 차지한다고 생각한다.

그러면 어떻게 숏폼 트렌드에 올라탈 수 있을까? 3가지 방법을 알려드리겠다.

챌린지 참여와 트렌드 영상 따라 하기

첫 번째 방법은 챌린지 참여다. 숏폼에는 챌린지가 있다. 홍박사 챌린지, 꽃 챌린지 등. 춤과 노래의 챌린지가 있다. 또한 실험, 놀이 등 따라하기 챌린지가 있다. 영상을 올릴 때, 해시태그에 챌린지 이름을 넣어서 업로드한다. 사람들이 많이 올리고 있는 챌린지 영상을 따라 하되 자신의 스타일로 변형해서 올리면 효과를 볼 수 있다.

▲ 틱톡의 챌린지 영상들

숏폼에 많이 쓰이는 노래 추가하기

두 번째 방법은 인기 음원을 숏폼 영상에 추가하는 것이다. 알고리즘의 영향으로 영상이 많이 노출된다. 또한 사람들은 인기 있는 노래에 관심을 가진다. 제로투 댄스, 아무노래 챌린지, 지구방위대 챌린지 등 익숙하고 반복적인 노래의 콘텐츠에 반응도가 높아질 수밖에 없다.

쇼츠와 릴스는 영상을 올릴 때 음원을 설정하면 해당 음원의 사용 숫자를 손쉽게 확인할 수 있다. 틱톡은 '주간 차트' '주간 급상승'이라는 카테고리를 클릭하면 힘들이지 않고도 트렌드에 맞는 음악을 고를 수 있다.

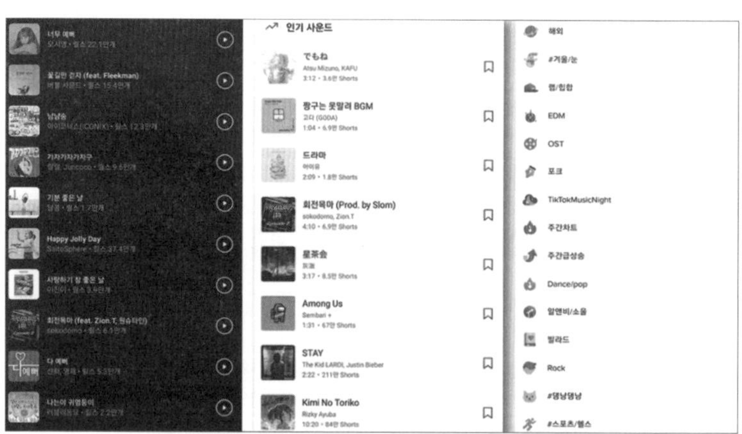

▲ 릴스, 쇼츠, 틱톡의 많이 쓰이는 노래 추천 형식

검색 트렌드를 찾아서 올리기

세 번째 방법은 검색 트렌드를 찾아서 올리는 것이다. 구글 트렌드, 틱톡 트렌드 사이트에서 실시간 인기를 확인하고 현재 핫한 이슈를 키워드로 영상을 만들면 좋은 반응을 얻을 수 있다. 트렌드와 채널의 주제에 맞는 영상을 올리는 것이다. 트렌드 사이트에 자신이 원하는 키워드를 검색하고 연관 검색의 키워드를 잡아 영상을 만든다. 그리고 최근 인기 검색어의 키워드를 나의 주제의 키워드랑 연결해서 콘텐츠를 발행하면 된다.

숏폼 플랫폼의 트렌드를 넘어서 대중적인 트렌드 영상 제작도 가능하다. 숏폼은 빠르게 영상을 제작할 수 있어서 롱폼 영상보다 신속하고 확장성 있게 전달이 가능하다.

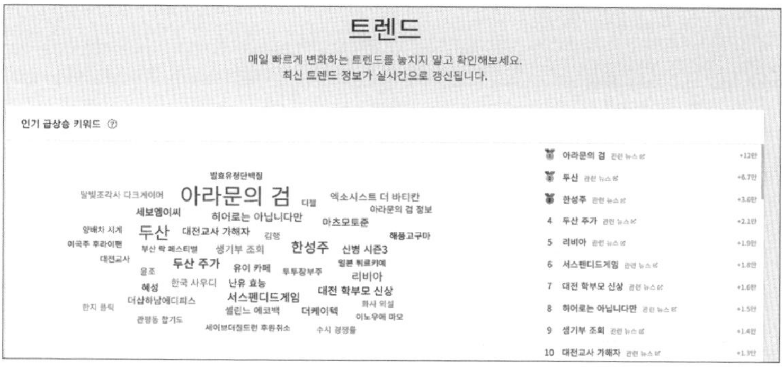

▲ 블랙키위 트렌드 검색 사이트(blackkiwi.net/service/trend)

▲ 구글 트렌드 검색 사이트(trends.google.co.kr/trends/?geo=KR)

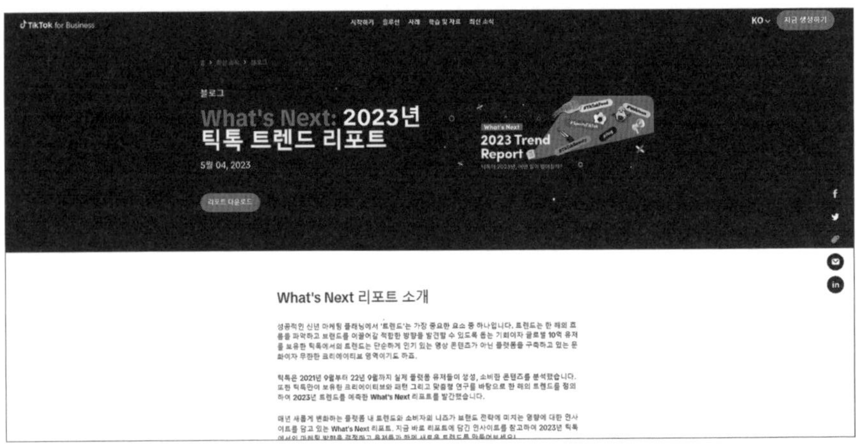

▲ 틱톡 트렌드 검색 사이트

• 〈틱톡맨〉 채널은? •

숏폼은 트렌드와 유행이 중요하다. 현재 유행하고 있는 주제를 채널의 주제와 결합시켜서 제작하는 것이다. 〈틱톡맨〉 영상은 80%가 트렌드와 유행을 소개하는 주제를 다룬다. 홍박사 챌린지(96만 회), 청청패션 아디아디 챌린지(150만 회), 토카토카 챌린지(110만 회), 나문희의 첫사랑 챌린지(120만 회) 영상을 제작했다.

'100만 회 영상을 만들 수 있는 숏폼 트렌드 찾는 3가지' 노하우를 알려드리고자 한다.

1. 같은 주제로 추천되는 영상이 세 번 보인다면 트렌드이다.

숏폼 트렌드를 찾기 위해서 영상을 보는 것이 매우 중요하다. 추천되는 영상 중에 나는 관심 없지만 같은 주제로 나오는 영상이 있을 것이다. 이런 영상이 세 번 이상 나오면 유행이란 의미고, 해당 영상의 해시태그를 검색하거나 음원을 클릭해 들어가서 확인하면 된다. 그리고 쇼츠, 릴스, 틱톡 어플을 처음으로 열었을 때 나오는 첫 영상에 주목해야 한다. 이 영상이 현재 가장 인기 있는 영상이기 때문이다.

2. 숏폼 트렌드 장인들을 단체로 팔로우한다.

숏폼 트렌드를 잘 알고 영상을 올리는 숏폼러들이 있다. 이 숏폼러들을 단체로 팔로워해두면 현재 숏폼의 유행을 알 수 있다. 많이 추천되고 트렌드를 참고하는 숏폼러 이름을 알려드리겠다.

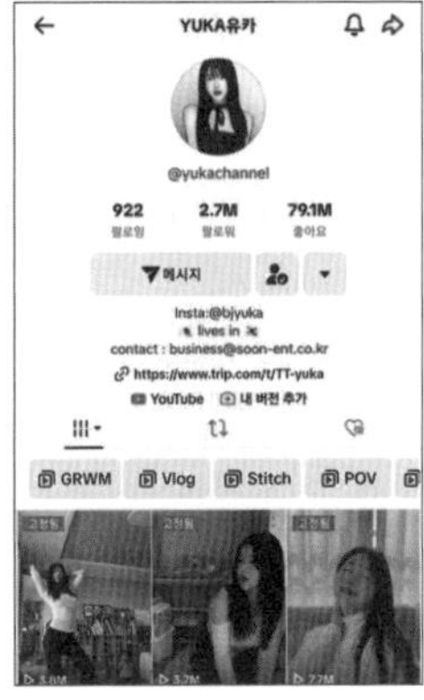

고로켓, 융덕, 비르, 닥터후, 혜찌, 유카, 오코이 채널이다. 해당 채널을 검색해서 팔로워하면 현재 숏폼 트렌드를 잘 알 수 있다.

3. 팔로워 숫자 대비 조회수가 많이 나오는 숏폼 영상 찾기

숏폼 영상을 보다가 조회수가 50만 회 이상 나온 영상을 찾아보자. 그리고 해당 채널에 들어가보자. 들어갔을 때 팔로워가 1만 명 이하인데, 조회수가 50만이 넘는 영상이 있을 것이다. 이 영상은 트렌드 영상이거나 잘 만든 영상이다. 팔로워 숫자 대비 조회수가 높은 영상에 힌트가 있다.

예를 들면 2023년에 유행했던 슬릭백 챌린지가 있었다. 추천된 슬릭백 영상은 보았다. 유퀴즈에도 나온 중학생 이효철 군이다. 영상의 조회수가 100만 회였다. 채널의 팔로워는 7천 명이었다.

이 상황을 보고 초창기부터 슬릭백 챌린지가 유행할 것이라고 생각했다. 그래서 관련 영상을 시리즈로 12개 이상 올렸고 1천만 회 이상의 조회수를 얻을 수 있었다.

숏폼 공략법 9:
숏폼 토네이도 시스템을 적용하라

마케팅 용어 중에 디지털 퍼널 마케팅(Funnel Marketing)이 있다. 퍼널(Funnel)의 뜻은 깔때기로, 이는 사람들이 구매를 하기까지의 경로를 나타낸다. 나는 여기에 SNS에 적합한 '숏폼 토네이도 시스템'이 있다고 생각했다.

다음 그림을 보면 아랫부분이 좁혀졌다가 다시 퍼지는 토네이도 모양이다. 이 방법은 유튜브, 인스타그램, 블로그, 틱톡 등 90%의 SNS 플랫폼에 적용된다. 이 과정을 잘 적용할 수 있다면 조회수, 구독자, 매출 증대는 저절로 따라오게 될 것이다. 유튜브(14만 명), 인스타그램(1만 명), 블로그(1,200명), 틱톡(16만 명)의 팔로워를 실제로 모아본 경험에 대입해보아도 맞았다.

▲ 디지털 퍼널 마케팅

출처: hmarketinginasia

영어로 되어 있어서 머리에 잘 들어오지 않을 것이다. 이해하기 쉽도록 가상인물 손오공(주인공)이 숏폼 토네이도 시스템을 어떻게 거쳐가는지 설명해드리겠다.

오공이는 요즘 고민이 많다. 결혼 준비를 하기 위해서 서울 아파트를 알아보고 있는데, 집값이 비싸서 신혼집 구하기가 힘들었다. 오공이의 저축금과 월급으로 구할 수 있는 서울 신혼집이 없었다. 그래서 오공이는 재테크에 관심을 가지게 되었다.

오공이는 인터넷 뉴스를 보다가 비트코인에 관심을 가지게 되었다. '비트코인 한 개가 1억이 된다'라는 기사를 보았기 때문이다. 오공이는 유튜브에 '비트코인'을 검색해보았다. 그랬더니 비트코인 관련 영상이 나왔고, 추천 영상들이 차례로 보였다. (검색/SNS노출: SEO/

Social Media/PPC)(1)

오공이는 그 영상들 중에 눈에 끌리는 유튜버 금천도사의 '2021년 비트코인 한 개에 1억?' 섬네일을 발견했고, 흥미가 생겨서 클릭하게 되었다. (클릭: Click-Throughs)(2)

영상에서 비트코인의 가격이 오른 이유와 전망에 대해서 잘 설명하고 있었다. 오공이는 왜 전 세계 사람들이 비트코인에 관심을 가지게 되었는지 이해할 수 있었다. (이득: Bounces)(3)

오공이는 첫 영상이 마음에 들었고, 채널의 다른 영상들도 살펴보게 되었다. (접근: Readers)(4)

마찬가지로, 다른 영상들도 오공이에게 좋은 정보와 인사이트를 주었다. 그래서 오공이는 이후에 올라오는 영상을 또 볼 수 있도록 채널 구독 버튼을 눌렀다. (연결: Leads)(5)

오공이는 금천도사의 영상이 올라올 때마다 시청했고, 원금 2배의 투자이익을 얻을 수 있었다. 그래서 유튜버 금천도사의 영상을 늘 기다리고, 새로운 정보를 기대하고 있었다. (기대: Prospects)(6)

그러던 중 금천도사의 유튜브 커뮤니티에 공지가 올라왔다. '금천도사의 비트코인 스터디그룹 모집' 오공이는 금천도사를 만나보고 싶었고, 비트코인 투자 노하우를 추가로 얻고 싶었다. 그래서 스터디그룹 모집에 신청하고 참여했다. (판매: Sales)(7)

실제로 만나본 금천도사는 오공이의 기대 이상의 것을 주었다. 금천도사는 똑똑했고 현명했고 경험이 풍부했기에 스터디에 참여할수록 오공이에게 큰 도움이 되었고, 오공이는 제대로 된 공부를 할 수

있었다. (좋아함: Loyalty)(8)

오공이는 자신이 참여했던 '금천도사의 비트코인 스터디'가 너무나 만족스러웠고, 비트코인에 관심이 있는 지인과 친구들에게 금천도사의 유튜브와 스터디를 홍보했다. 그리고 자신이 운영하는 유튜브에 후기 영상과 스터디 과정을 편집해서 올렸다. (고객 스스로 홍보: Customer Advocates)(9)

오공이의 영상이 유튜브에 업로드되었고, 영상 섬네일이 비트코인에 관심 있었던 사람인 크리링과 베지터에게 노출되었다. 크리링과 베지터도 유튜버 금천도사를 알게 되었고, 채널의 구독 버튼을 눌렀다. (검색/SNS노출: SEO/Social Media/PPC)(10)

손오공이 숏폼 토네이도 시스템 퍼널을 통과하기까지의 이야기였다. 어떤가? 감이 잡히지 않나?

이제 이 과정을 하나씩 분리해서 설명해보겠다.

[숏폼 토네이도 시스템]

<숏폼, 블로그, 인스타그램, 유튜브 성장 패턴 적용 가능>

1. 검색 또는 노출을 통해서 글이나 영상을 보게 된다.
   (SEO/Social Media/PPC)
2. 섬네일에 흥미를 느끼고 클릭한다. (Click-Throughs)
3. 글이나 영상에서 이득이 될 만한 가치를 얻는다. (Bounces)
4. 그 채널의 콘텐츠를 보고 읽고 소비한다. (Readers)

5. 구독 또는 팔로우를 한다. (Leads)

6. 콘텐츠를 소비하면서 자신에게 도움이 되는 무언가를 기대한다. (Prospects)

7. 채널에서 나오는 상품 및 서비스를 구매한다. (Sales)

8. 해당 상품 및 서비스가 마음에 들어 충성 고객이 된다. (Loyalty)

9. 이를 친구, 지인, 온라인상에 공유하고 알린다. (Customer Advocates)

10. 다시 1번이 시작된다. (SEO/Social Media/PPC)

숏폼 성장 패턴도 이와 같다.

<숏폼 성장 패턴>

1. 시청자가 숏폼 검색 또는 추천으로 영상을 보게 된다. (SEO/Social Media/PPC)
2. 흥미가 생기는 영상을 클릭하거나 계속 본다. (Click-Throughs)
3. 영상을 보면 재미있거나 도움이 된다. (Bounces)
4. 채널의 다른 영상을 찾아보고 시청한다. (Readers)
5. 채널의 가치를 느꼈고 팔로우 설정을 한다 (Leads)
6. 콘텐츠 업로드 때마다 추천되는 영상을 지속해서 시청한다. (Prospects)
7. 어느 날 숏폼 강의, 상품을 판매한다. 신뢰감이 있어서 구매한다. (Sales)
8. 판매가 아니라면 숏폼러가 진행하는 활동에 참여한다. (Sales)

9. 판매한 상품이 만족스럽고 숏폼러에 대한 관심도가 높아진다. (Loyalty)

10. 숏폼러의 팬이 되어 그의 영상을 사람들에게 공유한다. (Customer Advocates)

11. 다른 사람들이 숏폼러를 보게 된다. 다시 1번이 시작된다. (SEO/Social Media/PPC)

더 간단히 정리해보면, 숏폼 채널은 디지털 퍼널 마케팅의 구조로 성장하게 된다. '노출 → 시청 → 구독 → 공유 → 노출 → 시청'으로 계속 반복된다.

당신도 충분히 해낼 수 있다. '숏폼 토네이도 시스템'을 쇼츠, 릴

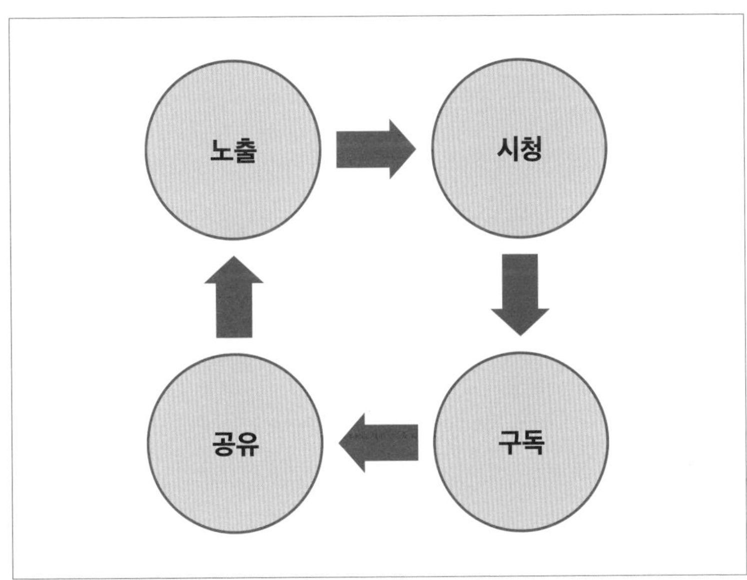

▲ 디지털 콘텐츠 확산 구조

스, 틱톡에 적용해보자. 팔로워가 따라오는 소리가 귓가에 들릴 정도로 늘어날 것이다.

〈틱톡맨〉 채널은?

나는 '노출 → 시청 → 구독 → 공유 → 노출 → 시청'의 숏폼 토네이도 시스템을 항상 생각한다. 구체적으로는 이런 식이다.

1. 시청자가 숏폼 추천 또는 검색으로 영상을 보게 된다. (SEO/Social Media/PPC) → 숏폼의 정보와 유행에 대한 영상을 제작한다.
2. 흥미가 생기는 영상을 클릭하거나 계속 본다. (Click-Throughs) → 흥미가 생길 수 있는 요소를 넣어서 추천될 수 있게 한다.
3. 영상을 보면 재미있거나 도움이 된다. (Bounces) → 숏폼 정보와 유행으로 이득을 전달한다.
4. 채널의 다른 영상을 찾아보고 시청한다. (Readers) → 채널에 들어와서 또 다른 영상을 볼 수 있도록 채널을 구성한다.
5. 채널의 가치를 느끼고 팔로워 설정을 한다. (Leads) → 팔로워할 수 있도록 설명란에 채널의 방향성을 알려주고 이점을 전달한다.
6. 콘텐츠 업로드 때마다 추천되는 영상을 지속해서 시청한다. (Prospects) → 팔로워들이 좋아하는 영상을 만들어서 계속 추천될 수 있도록 한다.

7. 어느 날 숏폼 강의, 상품을 판매한다. 신뢰감이 있어서 구매한다. (Sales) → 숏폼과 관련된 무료 전자책을 나누어주고, 만족한 사람들이 유료 전자책을 구매할 수 있도록 통로를 만들어둔다.
8. 판매가 아니라면 숏폼러가 진행하는 활동에 참여한다. (Sales) → 틱톡맨이 진행하는 온라인 무료 특강, 온라인 이벤트에 참여할 수 있도록 한다. 라이브 방송도 진행한다.
9. 판매한 상품이 만족스럽고 숏폼러에 대한 관심도가 높아진다. (Loyalty) → 틱톡맨의 전자책, 그룹 코칭에 만족하면 후기를 남기고 지인에게 추천을 해준다.
10. 숏폼러의 팬이 되어 그의 영상을 사람들에게 공유한다. (Customer Advocates) → 틱톡맨 영상과 채널을 공유한다.
11. 다른 사람들이 숏폼러를 보게 된다. 그래서 다시 1번이 시작된다. (SEO/Social Media/PPC) → 공유된 틱톡맨 영상과 채널을 보면서 다시 1번이 시작된다.

특히 조회수와 팔로워가 잘 늘어나지 않을 때가 있는데, 이때 숏폼 토네이도 시스템을 생각하면서 꾸준히 영상을 제작한다. 영상이 쌓일수록 노출과 시청이 많이 이루어지기 때문이다.

숏폼 공략법 10:
숏폼 비즈니스 가이드라인을 적용하라

100권의 비즈니스 책을 읽고 알게 된 비즈니스 방법과 사업가, 인플루언서들을 만나 이야기 들었던 내용에서 나온 '숏폼 비즈니스 가이드라인'이다. 이 가이드라인은 숏폼 비즈니스를 하는 데 있어 2년의 시행착오 시간을 줄여줄 것이다.

'팔리는 사업, SNS, 콘텐츠 = 고객 + 문제 + 해결'이라는 공식이 있다.

- **고객**: 어떤 공통된 욕망과 문제를 가진 집단이
- **문제**: 욕망하는 것과 장애물을
- **해결**: 어떤 내용과 방식으로 해결할 것인가?

고객	유튜브를 시작하고 싶은 사람들
문제	유튜브 시작의 어려움, 유튜버가 되고 싶은 욕망
해결	스마트폰 하나로 유튜브 시작하게 해주기 ➡ 강의, 코칭, 전자책, 영상

해당 부분이 명확하면 망하지 않고 지속해서 비즈니스를 성장시켜나갈 수 있다. 사람들은 자신의 문제가 아니면 기본적으로 관심이 없다. 문제가 있으면 이것을 해결하기 위해서 방법을 찾아다니고 기꺼이 돈을 쓴다.

사업, SNS, 콘텐츠의 예를 들어서 설명해드리겠다.

'팔리는 사업: 선가이드 온라인 1인 사업 → 스마트폰으로 유튜브 시작하기'

숏폼 채널을 단순히 팔로워를 늘리는 용도로 생각하지 않았으면 한다. 숏폼 채널을 사업이라고 생각하고 접근하면 좋겠다. 그래야 당신이 원하는 숏폼 고수익을 얻을 수 있다. 숏폼러가 되고 싶은 이유도 이 점이라고 생각한다.

9단계로 나누어서 숏폼 비즈니스 가이드라인을 구성했다. 단계에 따른 방법이다.

돈 버는 숏폼 비즈니스 가이드라인은 다음과 같다.

- **1단계**: 팔리는 공식에 따라서 숏폼 채널 기획하기
- **2단계**: 숏폼(틱톡, 쇼츠, 릴스, 클립)으로 자신이 정한 고객이 관심 있어 하고 좋아할 만한 영상을 올려 팔로워 1천~1만 명을 모은다.
- **3단계**: 팔로워(고객)와 소통하면서 이들이 가지고 있는 욕구와 문제를 파악한다.
- **4단계**: 해당 욕구를 채우고 해결할 수 있는 커뮤니티를 구성한다. (카페, 카카오톡 단톡방)
- **5단계**: 팔로워(고객)의 문제를 해결해줄 수 있는 상품(용품, 전자책)과 서비스(강의, 코칭, 모임, 상담)를 만든다.
- **6단계**: 숏폼 라이브, 숏폼 스토어, 숏폼 서비스, 카페·단톡방에서 상품을 판매한다.
- **7단계**: 후기를 쌓으면서 가치를 높이고 가격을 올린다.
- **8단계**: 고객의 욕구와 문제를 해결해주고 같이 성장한다.
- **9단계**: 2~8단계를 반복한다.

이러한 '돈 버는 숏폼 비즈니스 가이드라인'을 따라서 채널을 운영하면 온라인 비즈니스 시스템을 만들 수 있다. 온라인 비즈니스 시스템 자동화로 상품과 서비스를 지속해서 팔 수 있으며, 이는 수익으로 이어진다. 만약 내가 이미 판매할 수 있는 상품과 서비스가 있다면 역순으로 단계를 만들어야 한다.

- **1단계**: 나의 상품과 서비스 있음 예 창문 로봇 청소기
- **2단계**: 창문 로봇 청소기의 숏폼 채널 기획하기
- **3단계**: 창문 로봇 청소기로 숏폼 영상 찍어서 올리기(로봇 청소기 만드는 과정, 청소 모습 등)
- **4단계**: 창문 로봇 청소기에 관심 있는 사람들을 팔로우할 수 있도록 하고 모으기
- **5단계**: 채널 및 커뮤니티를 통해서 고객의 욕구를 파악하고 피드백 받고 발전시키기
- **6단계**: 영상 시청 → 채널 탐색 및 팔로우 → 상품 판매 상세 페이지 이동 → 판매까지 될 수 있도록 구성하기

나에게 상품과 서비스가 이미 있다면 숏폼 비즈니스를 하는 것이 더 수월하다.

〈틱톡맨〉 채널은?

틱톡맨 채널의 채널 성장을 위한 타깃은 10~20대다. 유행과 트렌드를 좋아하는 시청자이다. 조회수와 팔로워 증가를 중심으로 한다. 그리고 숏폼으로 수익을 얻고자 하는 20~30대의 타깃층이 있다. 숏폼 비즈니스를 대상으로 한다.

- **1단계**: 팔리는 공식에 따라 숏폼 비즈니스를 기획하기(숏폼 기획서 작성) → <틱톡맨> 채널을 숏폼 비즈니스 기획서를 토대로 시작
- **2단계**: 숏폼(틱톡, 쇼츠, 릴스, 클립)으로 자신이 정한 고객이 관심 있어하고 좋아할 만한 영상을 올려서 팔로워 1천~1만 명을 모은다. → 숏폼을 보는 20~30대를 관심 고객으로 잡았고, 현재 29만 명을 모았다.
- **3단계**: 팔로워(고객)와 소통하면서 이들이 가지고 있는 욕구와 문제를 파악한다. → 영상의 댓글을 보고 소통하면서 팔로워가 어떤 영상을 보고 싶어하는지 확인한다.
- **4단계**: 해당 욕구를 채우고 해결할 수 있는 커뮤니티를 구성한다.(카페, 카카오톡 단톡방) → '숏성사' 카페와 단톡방을 만들었고 숏폼에 대한 고민과 관심이 무엇인지 파악하고 있다.
- **5단계**: 팔로워(고객)의 문제를 해결해줄 수 있는 상품(용품, 전자책)과 서비스(강의, 코칭, 모임, 상담)를 만든다. → 숏폼 시작 방법, 숏폼 팔로워와 조회수 높이는 방법, 숏폼 수익화 방법과 관련해 가장 많이 고민한다. 그래서 이 고민을 해결할 수 있는 숏폼 전자책과 온라인 강의를 판매했고, 그룹 코칭 프로그램을 진행했다.
- **6단계**: 숏폼 라이브, 숏폼 스토어, 숏폼 서비스, 카페 및 단톡방에서 상품을 판매한다. → 카페와 단톡방에서 해당 상품을 홍보하고 모집하고 있다.
- **7단계**: 후기를 쌓으면서 가치를 높이고 가격을 올린다. → 전자책

후기, 강의 후기, 그룹 코칭 후기가 카페에 쌓이고 있다. 그리고 신청자가 많아지면서 가격도 높아지고 있다.

- **8단계**: 고객의 욕구와 문제를 해결해주고 같이 성장한다. → 숏폼에 대한 고민을 해결해서 팔로워 2만 명, 조회수 100만 회를 찍는 분들이 나오고 있다. 그리고 숏폼 채널로 광고, 조회수 수익, 상품 판매가 늘어나는 분들이 있다. 숏폼의 시작과 성장에 도움을 주면서 같이 성장해나가고 있다.
- **9단계**: 2~8 단계를 반복한다.

팔로워가 하루하루 늘어갈수록 '좋아요'를 많이 받을 수 있는 확률도 점점 높아진다. 팔로워가 더 많아질수록 광고, 브랜드 광고, 선물 받기의 추가적인 수익도 더 높아진다. 단기 수익이 아니라 장기적인 수익을 생각할 수 있다. 그리고 틱톡, 쇼츠, 릴스, 클립 모두 숏폼러를 위한 수익화 기능을 계속 진행하고 있다.

앞으로 숏폼에서 돈 버는 기회가 더 많이 생길 것으로 생각한다. 그래서 지금 미리 준비해두어야 한다. 3년 전 숏폼러들은 조회수 수익, 광고 수익이 없었다. 하지만 당시에 팔로워 10만 명 100만 명의 채널을 키워두었던 숏폼러들은 지금 많은 이익을 얻고 있다. 숏폼 광고와 조회수 수익이 많아지고 있기 때문이다. 1분 이하의 숏폼 광고 1개당 팔로워 숫자 기준으로 적게는 50~500만 원 이상의 광고료를 받을 수 있다. 이처럼 숏폼 채널을 미리 선점할수록 더 많은 것을 얻어갈 수 있을 것이다.

숏폼 추월차선 10가지 공략법 체크리스트 및 워크시트

▶ 숏폼 공략법 1: 캐릭터(나)를 팔아야 한다	○	×
1) 숏폼 채널의 프로필에 좋아할 수 있는 캐릭터 대상이 있나요?		
▶ 숏폼 공략법 2: 스토리텔링을 담아내야 한다		
2) 숏폼 채널에 나에 대한 스토리텔링 영상이 있나요?		
3) 숏폼 채널 자체가 스토리텔링이 되어가고 있나요?		
▶ 숏폼 공략법 3: 가치를 줄 수 있어야 한다		
4) 숏폼 채널을 보는 사람이 정주행할 만큼 가치 있는 영상들이 모여 있나요?		
5) 숏폼 채널에서 3초 만에 파악할 수 있는 일관성이 있는 가치를 전달하고 있나요?		
▶ 숏폼 공략법 4: 처음 1초 만에 사로잡아야 한다		
6) 숏폼 영상의 1초를 생각하고 영상을 제작하나요?		
7) 다음이 궁금해지는 장면, 역설적인 모습, 놀랄 만한 장면을 1초에 보여주고 있나요?		
▶ 숏폼 공략법 5: 공유되는 영상을 기획하라		
8) 숏폼 영상에 공유할 수 있는 요소(행복, 경탄, 공감, 호기심, 놀람)를 담고 있나요?		
▶ 숏폼 공략법 6: 팔로워와의 신뢰를 구축하라		
9) 팔로워에게 신뢰를 줄 수 있는 채널 운영을 하고 있나요?		

▶ 숏폼 공략법 7: 에버랜드 이론을 벤치마킹하라		
10) 황금 3초, 반전 매력, 일치한 설정, 영상 평균 시청 시간, 좋아요 비율, 팔로워 비율을 생각하면서 영상을 제작하고 있나요?		
11) SNS 에버랜드 이론에 따라서 채널을 구성하고 있나요?		
▶ 숏폼 공략법 8: 숏폼 트렌드에 올라타라		
12) 숏폼 트렌드를 분석하고 영상에 적용했나요?		
▶ 숏폼 공략법 9: 숏폼 토네이도 시스템을 적용하라		
13) 숏폼 성공 토네이도 시스템을 따라서 채널을 구성했나요?		
▶ 숏폼 공략법 10: 숏폼 비즈니스 가이드라인을 적용하라		
14) 돈 버는 숏폼 비즈니스 가이드라인을 따라서 작성해 보았나요?		

14개의 체크리스트 중에 10개 이상을 실행할 수 있도록 해주세요. 리스트를 체크해나가기가 번거롭겠지만, 계속해서 해당 질문을 스스로에게 던져주시기 바랍니다.

해당 질문에 대한 답 스스로 작성해보기

SHORT
FORM

4장

숏폼 성장 3단계: 1만 숏폼러가 되는 가장 빠른 성장 단계 따라하기

레벨 1에서 망함의 역설을 설명한다. 숏폼 채널을 만드는 방법을 알려준다. 숏폼 채널 제작시에 중요한 포인트 3가지인 프로필 설정, 캐치프레이즈, 반복 브랜딩의 요소를 알려준다. 숏폼 영상 제작 방법으로 촬영, 편집의 가장 기초적인 부분을 쉽게 알려준다.

선가이드가 현재 숏폼 영상을 제작하는 방법의 흐름을 보여준다. 숏폼 영상 기획, 대본 쓰기, 녹음하기, 편집하기, 업로드하기까지의 전 과정을 쉽게 전달한다. 보고 따라할 수 있도록 구성했다.

레벨 2 숏폼 인수분해 기획에서는 인수분해하는 숏폼 채널을 찾고 인수분해하는 방법을 설명한다. 실제로 인수분해 기획서를 작성해보는 워크시트도 있다. 꼭 작성해보기 바란다. 그래야 나의 채널의 콘셉트와 방향성을 잡아볼 수 있다.

레벨 3 숏카소와 숏퍼런스는 콘텐츠 제작 능력이 평범한 사람도 100만 회 이상 영상을 만들 수 있는 방법을 제시한다. 독창적인 따라쟁이가 되는 것이다. 이것을 기본으로 나만의 오리지널 콘텐츠를 찾아갈 수 있다.

숏퍼런스 하는 방법도 워크시트에 적어보자. 1만 숏폼러가 되는 가장 빠른 성장 단계 따라하기에서는 레벨1~3의 과정을 알려드린다.

레벨 1단계:
망함의 역설, 숏폼 채널 만들기

숏폼러로 수익화에 성공하기 위해서 가장 빠른 방법은 먼저 망하는 것이다. 망하기 위해서는 빨리 시작해야 한다. 그리고 망해보아야 내가 부족한 부분을 알게 된다. 이 과정이 없으면 90%가 생각만 하고 정작 시작하지 못한다. 시작하지 않으면 성과는 없다.

나 또한 망하기 위해서 숏폼 채널을 시작했다. 나는 일찌감치 유튜브의 경험으로 알고 있었기 때문이다. 많이 망해볼수록 잘된다는 것을!

숏폼 채널을 처음 시작할 때 실험을 위해서 쇼츠 채널을 만들었다. 신박한 만물 박사 채널이었다. 신기한 물품을 소개하는 영상을 숏폼 영상으로 만들었다. 그리고 해당 물품을 쿠팡에서 찾아 쿠팡 파트너스 링크(쿠팡 링크를 들어가서 상품이 판매되었을 때 수수료 수익를 얻는 프로그램) 연결했다. 영상이 추천되면서 판매까지 이루어지는 것이다. 30개의 영상을 올렸고, 월 10만 원 정도 수익을 얻었다. 그러나 지속적으로 성장시킬 수는 없었다.

수익이 생겼지만 채널을 성장시키는 재미를 느낄 수 없었다. 현재는 수익이 생길 수 있지만, 장기적으로는 수익 창출이 막힐 수 있겠다는 생각을 했다. 지금은 망한 채널로 남아 있지만 교훈을 얻었다.

구독자 1천 명이 되지 않아도 수익을 바로 만들 수 있다. 내가 좋아하고 지속할 수 있는 콘텐츠가 주제가 되어야 한다. 플랫폼의 정책에 맞아야 한다.

당신도 숏폼러가 되기 위해 준비하고 있다면, '망함'을 발판으로 삼아야 한다. 완벽하게 채널을 시작하려고 했다가는 시작도 못 해본 채 끝난다. 이런 경우를 많이 보았다. 완벽이 아니라 완성이 되어야 한다. 완벽만 원하는 사람은 실패하고, 완성하면서 완벽을 향해 가는 사람이 성과를 얻을 수 있다.

잘되고 있는 크리에이터들은 다수의 실패 경험으로 지금의 채널을 운영하게 된 것이다. 사람들은 채널을 개설하자마자 바로 구독자 1만 명, 10만 명으로 성공하고 싶어한다. 하지만 이것은 어렵다. 가장 빠른 길은 없다. 바른 방향을 잡고 계속 가는 것만이 가장 빠른 길이다. 망함의 역설이 필요한 3가지 근거가 있다.

1. 여러 번 망할수록 잘된다.

2. 망한다고 생각할수록 빨리 시작할 수 있다.

3. 망하면 부담감이 사라지고 오래 할 수 있다.

단순하지만 정말 중요한 사실이기에 강조하고 싶다. 지금 이 글을 보는 것을 멈추고 30분만 투자해서 채널을 만들어보자. 쇼츠, 릴스, 틱톡 다 좋다. 만드는 방법은 인터넷 검색만 해도 바로 나온다. 그리고 해당 플랫폼에 들어가면 친절하게 설명이 되어 있다. 먼저 채널을 만들어보자.

숏폼 채널을 만드는 3가지 중요 포인트가 있다.

숏폼 채널 제작의 3가지 포인트

숏폼 채널을 만드는 3가지 포인트는 다음과 같다.

1) 숏폼 채널의 '프로필' 설정

채널의 프로필은 인물 혹은 캐릭터가 좋다. 좋아할 수 있는 대상이 필요하기 때문이다. 1천 개 이상의 숏폼 채널을 보았을 때 잘되는 채널의 80%에는 인물 혹은 캐릭터가 있었다. 숏폼 영상은 스마트폰으로 본다. 영상에 나온 인물과 1:1로 마주하기에 친밀감이 높아진다. 바로 이것이 기업 채널, 대상이 없는 채널이 망하는 이유다.

채널 닉네임은 2~4글자가 좋다. 쉽게 부를 수 있는 닉네임이다. 그리고 검색했을 때, 다른 검색어가 나오지 않는 닉네임이 좋다. 네이버와 유튜브에서 검색했을 때, 나의 채널이 바로 나올 수 있어야 한다. 채널명을 보고 채널의 주제가 연상되면 좋다.

〈틱톡맨〉의 경우도 '틱톡맨'이라는 3글자를 사용했다. 말하기에도 쉽고, 틱톡의 유행과 정보를 알려주는 틱톡맨이라는 연관성도 부여할 수 있었다.

2) 숏폼 채널의 '한 줄 캐치프레이즈' 넣기

캐치프레이즈(Catchphrase)는 다른 사람의 주의를 끌기 위해 사용되는 문구 및 문장을 말한다. 캐치프레이즈는 프로필의 설명란과 정보란에 넣을 수 있다. 채널에 들어왔을 때, 채널을 소개하는 부분이다.

이 한 줄로 채널의 방향성과 사람들에게 어떤 가치를 줄 것인지 설명하고, 이 가치에 이끌릴 수 있도록 설득해야 한다. 이것이 명료할수록 팔로우 전환율이 높아진다. "지인이 어떤 숏폼 채널 운영해?"라고 질문했을 때 그에 대해 답할 수 있는 한 문장이다. 한 문장의 대답으로 채널을 설명하지 못하면 해당 채널의 성공 가능성은 낮아진다.

〈틱톡맨〉의 경우에는 '숏폼의 유행과 정보를 알려드립니다'라는 캐치프레이즈를 앞세운다. 앞으로 숏폼의 트렌드와 정보를 알고 싶은 사람들이 〈틱톡맨〉을 팔로워할 것이다. 누구나 3초 만에 이해할 수 있는 캐치프레이즈다.

이처럼 채널의 캐치프레이즈를 정하는 것은 정말 큰 도움이 된다. 자신이 만든 채널의 방향을 스스로 정립할 수 있다.

3) 숏폼 채널의 '반복적인 브랜딩 요소' 구성하기

숏폼 채널과 영상의 컬러, 폰트, 영상 구성을 일정하게 제작하는 것이다. 이렇게 하면 자신의 채널을 기억하게 할 수 있다. 반복적인 노출로 관심도를 높이는 작업이 된다.

〈틱톡맨〉 채널은 검정색과 흰색을 채널 컬러로 가지고 있다. 채널 프로필, 자막, 섬네일을 모두 같은 색으로 제작한다. 영상도 항상 같은 구도를 가지고 있다. 첫 화면 상단에 제목 글귀 넣기, 1초 지난 후에 "뭘까?"라는 말과 함께 틱톡맨 이미지가 나온다. 3초만 봐도 틱톡맨 영상이라는 인지가 가능하다. 숏폼 영상은 빠르게 소비되고 지나간다. 그리고 반복적으로 추천된다. 시청자에게 강력한 인상을 남기기 위해서는 반복적인 요소를 구성해야 팔로워가 늘어날 수 있다.

스타벅스 → 초록색, 커피, 공간

삼성 → 파란색, 전자제품

이마트 → 노란색, 식품, 마트

1초 만에 생각할 수 있다. 이처럼 나의 숏폼 채널과 영상이 1초 만에 시청자의 무의식에 인지가 될 수 있어야 한다.

이상의 3가지 기본적인 요소로 채널을 만들면 된다.

숏폼 영상 제작 방법

1) 숏폼 촬영하기

숏폼은 카메라가 아닌 스마트폰으로 촬영하는 것이 좋다. 스마트폰으로 촬영, 편집, 업로드까지 한 번에 할 수 있기 때문이다. 단, 촬영을 할 때 삼각대는 반드시 필요하다. 삼각대로 스마트폰을 잘 고정해두고 찍으면 된다.

2) 숏폼 영상 편집하기

동영상 편집 어플 캡컷(CapCut)을 사용하면 좋다. 캡컷은 틱톡의 모회사인 중국의 바이트댄스에서 만들었는데, 숏폼 영상을 제작하는 데 최적화되어 있다. PC 버전도 있어서 큰 화면으로도 편집이 가능하다. 그리고 무료로 사용 가능하다. 컷편집, 이미지·영상·텍스트·배경음악 넣기만 있어도 편집이 가능하다.

숏폼 영상의 편집 방법 4단계는 다음과 같다.

1. 촬영한 영상을 넣고 컷편집한다. 컷편집은 필요 없는 영상을 자르는 것이다.
2. 컷편집된 영상 위에 필요한 이미지, 영상, 텍스트를 추가한다.
3. 효과, 자막, 음원을 추가로 넣을 수 있다.
4. 마지막에 종합하면 끝이다.

유튜브, 인스타그램, 틱톡 플랫폼에서 바로 촬영과 편집을 하는 것도 가능하다. 10초 이하의 짧은 영상을 제작하는 것이라면 플랫폼에서 제작하는 것이 효율적이다.

선가이드의 숏폼 영상 제작 방법

1) 숏폼 영상 기획하기

가장 먼저 숏폼 트렌드를 먼저 찾는다. 유행하고 있는 챌린지, 추천 영상을 보면서 현재 인기 있는 주제를 조사한다. 그리고 영상 기획을 시작한다.

2) 숏폼 영상 대본 쓰기

녹음할 대본을 적는다. 1~3초에 들어갈 첫 문장을 중심으로 적는다. 불필요한 부분을 제거하고 간략하게 요약한다. 1분이 넘지 않도록 한다.

3) 녹음하기

핀마이크를 사용한다. 스마트폰에 핀마이크를 연결해서 녹음한다. 스마트폰을 뒤집어두고 동영상 촬영 버튼으로 녹음한다. 녹음할 때 틀리지 않도록 한 번에 해야 편집 시간을 줄일 수 있다. 다만 주변에 소음이 들어가지 않도록 한다.

4) 편집하기

블로(VLLO)와 캡컷(CapCut) 동영상 편집 어플을 사용한다. 먼저 녹음한 영상을 어플로 가지고 온다. 잘못 녹음된 부분, 목소리가 없는 부분을 자른다. 해당 영상 위에 이미지와 사진을 넣는다. 애니메이션 효과를 추가한다. 영상을 완성시킨다. 해당 영상을 1.1~1.2배속으로 빠르게 한다. 브루(Vrew) 자막 프로그램으로 자동 자막을 넣는다.

5) 업로드하기

업로드 시간대는 오후 3시에 한다. 데이터 분석으로 자신의 팔로워가 가장 많이 보는 시간대에 올린다. 각 플랫폼의 분석란에서 보면 확인할 수 있다.

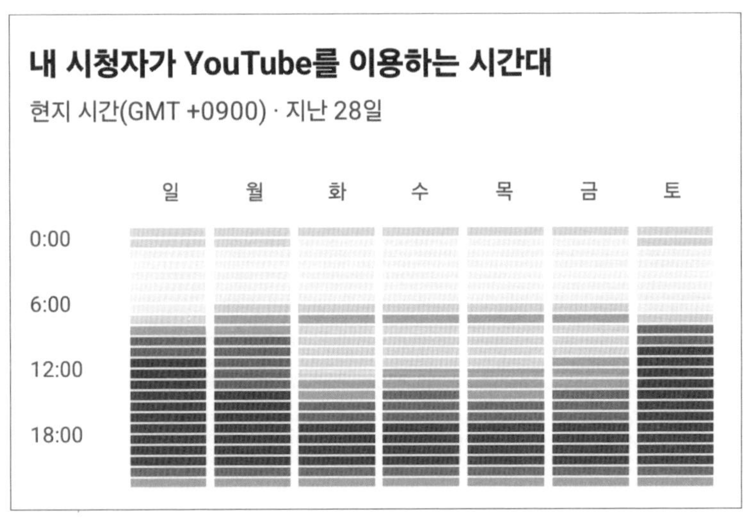

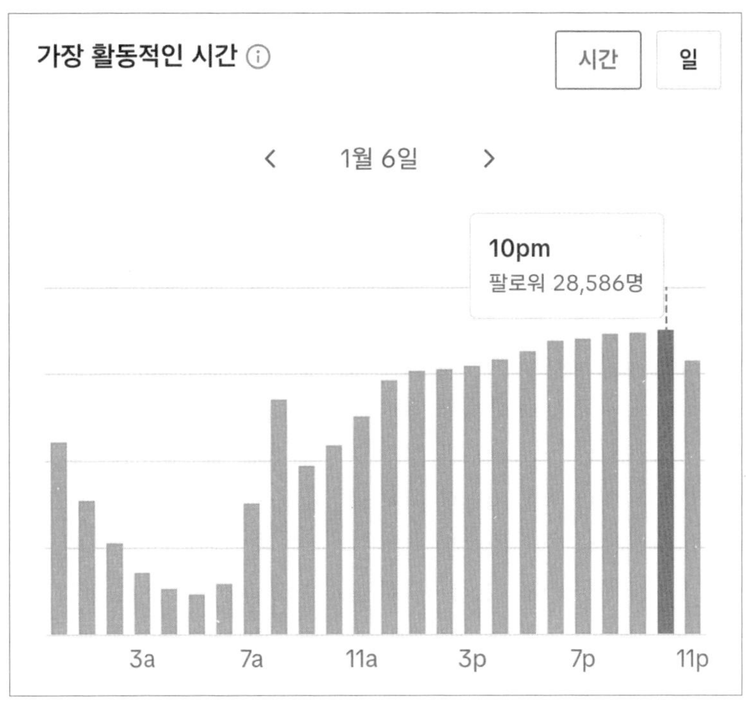

늦은 저녁과 새벽에는 가급적 올리지 않는다. 음원을 넣을 때는 플랫폼에 있는 인기 음원을 사용한다. 해시태그는 5개 정도 적는다. 가장 조회수가 높은 해시태그를 고른다. 추가로 나만 쓰는 해시태그를 만들어서 모든 영상에 넣는다. 틱톡에 먼저 업로드한다. 그리고 해당 영상을 로고 없이 다운로드한다. 그것을 쇼츠와 릴스에도 올린다.

첫 영상 제작이 제일 어렵다. 화면에 나온 나의 얼굴이 어색하고, 목소리도 이상할 것이다. 첫 편집이라면 시간도 2~4시간이 걸릴 수 있다. 하지만 시간이 지날수록 영상을 제작하는 속도가 빨라질 것이다. 그리고 영상 편집 어플의 기능도 좋아져 영상 제작이 더 쉽고 편리해지고 있다.

레벨 2단계: 숏폼 인수분해 기획하기

숏폼 채널을 성공시키기 위해서는 숏폼 채널 인수분해를 해야 한다. 숏폼 채널 인수분해란, 팔로워 10만 명 이상의 숏폼 채널을 쪼개서 분해해보는 것이다. 분해할수록 잘 보이고 따라할 수 있다. 혼자서는 안 해볼 것이다. 이런 기회가 있을 때 해야 한다. 그래야 능력을 키울 수 있다. 계속 공부하고 분석하는 것이 중요하다.

성공한 숏폼 채널에는 분명 이유가 있다. 하지만 팔로워를 10만 이상 모은 이유를 단번에 찾기는 힘들다. 그렇기 때문에 각각의 항목을 나누어서 분해해야 한다. 분해하면 이유를 찾을 수 있다. 숏폼 채널 인수분해를 활용해서 나의 숏폼 채널을 기획하면 된다.

숏폼 채널 인수분해 방법과 기획 방법을 알려드리고자 한다. 숏폼 채널 인수분해를 하기 위해서는 먼저 채널 주제를 정하고, 그 주제에서 잘되고 있는 숏폼 채널을 찾아야 한다.

인수분해할 숏폼 채널을 찾는 방법

인수분해할 숏폼 채널을 찾는 5가지 방법은 다음과 같다.

1. 숏폼 플랫폼에서 정해둔 카테고리 중에서 고르기
2. 나의 주제 정하기: 부동산, 헬스, 낚시, 춤, 유머 등 내가 관심 있고 지속할 수 있는 주제를 정하기
3. 나의 주제 키워드를 유튜브, 인스타그램, 틱톡에서 검색하기
4. 해당 검색에서 나오는 조회수 50만 회 이상의 숏폼 영상을 찾기
5. 숏폼 영상의 채널에 들어가서 팔로워 10만 명 이상인지 확인하기 (지속하고 있는지도 확인하기)

1) 숏폼 플랫폼에서 정해둔 카테고리 중에서 고르기

숏폼 플랫폼마다 영상의 카테고리를 분류해두었다. 이것에 의미가 있다. 해당 카테고리의 주제를 다루는 채널이 많고, 그 카테고리의 영상을 사람들이 많이 본다는 의미다. 또한 해당 카테고리로 추천 알고리즘이 형성되어 있다는 것을 의미한다. 그렇기 때문에 먼저 카테고리 분류에서 정해야 한다. 이미 대중성이 검증된 것이다.

- **쇼츠 카테고리**: 게임, 과학기술, 교육, 노하우/스타일, 뉴스/정치, 반려동물/동물, 비영리/사회운동, 스포츠, 엔터테인먼트, 여행/이벤트, 영화/애니메이션, 음악, 인물/블로그, 자동차, 코미디
- **릴스 카테고리**: 패션/뷰티, 동물, 교통, 음식/음료, 시각예술, 여행, 스포츠, 과학/기술, 관계, 공연예술, 게임, TV 및 영화, 집 및 정원, 비즈니스, 학력
- **틱톡 카테고리**: 게임, 리뷰, 뮤직, 뷰티, 브이로그, 스포츠, 애니멀, 애니메이션, 정보성, 챌린지, 코미디, 패션, 푸드, 라이징

이 카테고리 분류에서 원하는 주제를 골라야 한다. 그리고 3개의 플랫폼에 공통적으로 있는 카테고리가 제일 좋다. 물고기를 잡을 때, 물고기가 많은 곳에 그물을 던지면 많이 잡히는 것과 같다. 카테

고리에 포함되는 주제는 시청자가 많은 것을 의미한다. 그래서 카테고리화가 된 것이다.

2) 나의 주제 정하기

카테고리를 정했다면 부동산, 헬스, 낚시, 춤, 유머 등 내가 관심 있고 지속할 수 있는 주제를 먼저 정해야 한다. 운영하고자 하는 숏폼 채널 주제가 있을 것이다. 해당 주제가 내가 지금까지 지속했던 일이나 행동과 관계된 주제면 좋다.

내가 헬스를 5년간 하고 있다고 가정해보자. 그러면 5년 이후까지 계속할 수 있는 주제가 된다. 아무리 첫 영상의 반응이 좋다고 하더라도 내가 영상을 계속 올리지 못하면 채널 운영을 멈추게 된다. 그러니 팔로워 10만 명이 되어도 계속 영상을 올려야 한다. 단거리 달리기가 아니라 마라톤이다. 그렇기 때문에 더욱더 내가 하고자 하는 주제로 해야 한다. 그리고 초기에 반응이 없더라도, 내가 하고자 하는 주제라면 이 기간을 버틸 수 있다. '카테고리(대중성)+나의 주제(개인적)'의 포괄성을 가져야 한다.

3) 나의 주제 키워드를 유튜브, 인스타그램, 틱톡에서 검색하기

내가 정한 카테고리에서의 주제를 플랫폼에 검색해야 한다. 그러면 인기 순서로 숏폼 영상이 나온다. 해당 키워드로 채널을 찾을 수 있다.

유튜브 쇼츠는 검색 후에 쇼츠 부분을 클릭하면 쇼츠 영상만 볼 수 있다. 인스타그램 릴스는 검색창에 주제를 검색하고 릴스 카테고리를 누르면 릴스 영상이 모아서 나온다. 틱톡은 키워드 검색을 하면 자세히 나온다. 최고를 눌러서 인기영상 확인, 사용자를 눌러서 채널을 확인하면 된다. 영상과 채널을 보면서 나의 주제와 맞는 채널을 선정하면 된다.

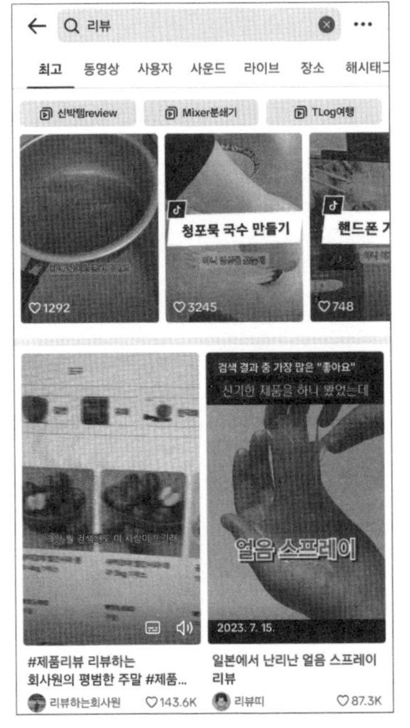

4) 해당 검색에서 나오는 조회수 50만 회 이상의 숏폼 영상 찾기

해당 검색에서 나오는 조회수 50만 회 이상의 숏폼 영상을 찾는다. 좋아요, 댓글, 공유가 많을수록 좋은 영상이다. 그리고 최근 6개월 이내의 영상으로 찾으면 된다.

5) 숏폼 영상의 채널에 들어가서 팔로워 10만 명 이상 채널인지 확인하기

나의 주제와 잘 맞는다면 해당 영상의 프로필을 눌러서 확인한다. 팔로워 10만 명 이상의 채널인지 체크한다. 10만 명 이상의 채널이 없다면 5만 명까지의 채널도 괜찮다. 그리고 채널이 숏폼 영상을 주력 콘텐츠로 올리는지 확인한다. 사진이나 롱폼 영상이 아니라 숏폼 영상으로 팔로워를 높인 채널이 가장 좋다.

최근 일주일까지 숏폼 영상을 꾸준히 올렸는지 확인한다. 영상이 50개 이상이면 좋다. 이러한 조건에 부합한다면 숏폼 영상으로 팔로워를 모으고 오랫동안 지속적으로 활동한 채널이라고 할 수 있다. 이 방식으로 3개의 인수분해할 숏폼 채널을 찾으면 된다.

이 3개의 채널을 인수분해하면 된다. 3개의 채널은 인수분해하기가 어렵다면 한 개 채널부터 시작해도 된다. 많은 채널을 인수분해할수록 좋다.

숏폼 채널 인수분해 항목에 따라 인수분해하기

1) 사람들이 이 숏폼 채널을 팔로워하는 이유는?

"이 채널이 10만 명 이상의 팔로워를 모을 수 있었던 이유는 무엇일까?" 사람이 모이는 것에는 이유가 있다. 이를 찾아서 적어보자.

2) 이 숏폼 영상의 조회수가 많이 나오는 이유는?

"숏폼 영상의 조회수가 많이 나오는 이유는 무엇일까?" 영상에서 어떤 가치를 주고 있는지 찾아보자.

3) 이 숏폼 채널을 지속하고 있는 이유는?

"채널의 주인이 채널을 지속하는 이유가 무엇일까?" 이유 없이 채널을 지속하지 않는다. 경제적 이득, 인지도, 재미 등 채널의 주인이 채널을 계속 운영하는 목적을 찾아보자. 이 목적이 숏폼 채널 지속의 원동력이다.

4) 이 숏폼 채널이 가진 다른 채널과의 차별성은?

똑같은 채널은 잊히고, 사람들이 모이지 않는다. 분명히 다른 채널과 다른 점이 있을 것이다. 그 차별점을 찾아보자.

5) 이 숏폼 채널이 성장하고 있는 이유는?

"이 채널이 성장하고 있는 이유는 무엇일까? 영상을 주 3회 올리고 있나? 팔로워와 소통을 잘하고 있나?" 지속적으로 성장하는 채널의 이유를 찾아보자.

6) 이 숏폼 채널의 수익 구조는?

채널의 수익 구조를 살펴보자. 어떤 구조를 가지고 있는지 알아두어야 한다. 그래야 이것을 나의 채널에 적용할 수 있다. 이 채널 운영의 중심에 수익 구조가 있고, 수익화를 잘하기 위한 방법으로 채널을 운영하고 있을 것이다.

자, 인수분해하는 항목을 적어보았다면 이 항목을 적용해서 숏폼 인수분해 채널 기획서에 적어보자.

숏폼 채널을 생각만으로 시작하면 정리가 안 된다. 직접 글로 적어보아야 정리가 된다. 물론 처음부터 모든 기획 내용이 생각나지는 않을 것이다. 하지만 써보는 과정에서 정리가 될 것이다. 그리고 채널을 운영하면서 다시 한번 써보는 것도 좋다. 채널의 기획은 바뀌어갈 수 있다. 다시 강조지만, 그냥 책을 넘어가면 안 된다. 해당 워크시트에 꼭 인수분해 기획을 해보셔야 한다. 그리고 잘 저장하기 위해 개인적으로 온라인 기록을 해두어도 된다. 10분의 시간이라도 할애해 간단히 써보시길 바란다.

글을 써야 정리가 된다. 글을 써야 아이디어가 생긴다. 글을 써야 내가 아는 것과 모르는 것을 파악할 수 있다.

숏폼 인수 분해 채널 기획서 작성하기

1) 숏폼 채널명+프로필 사진

* 다른 채널과 중복되지 않는 채널명이어야 합니다. (검색시에 나의 채널명이 바로 나올 수 있도록)

* 채널명을 읽고 1초 만에 어떤 주제의 채널인지 파악되는 채널명이어야 합니다.

* 채널 닉네임은 불리기 쉽도록 2~4개의 글자로 구성합니다.

* 채널명+프로필+채널 구성 3요소가 맞아야 합니다.

2) 숏폼 채널 한 줄 카피라이팅

* 숏폼 채널 설명란에 들어갈 소개글 한 줄을 적어주세요.

* '고객 → 문제 → 해결'이 한 문장으로 표현되면 좋다.

예 숏폼으로 팔로워 1천 명 모아서 돈 벌기, 온라인 건물주가 되어서 직장인 탈출하기, 요가로 요요 없는 다이어트해서 바디프로필 몸매 유지하기

3) **숏폼 채널 영상 주제**

* 1년 이상 지속적으로 영상을 찍을 수 있는 주제

* 타깃으로 하는 고객이 관심 있어하고 반응하는 주제들

예 게임, 리뷰, 뮤직, 뷰티, 브이로그, 스포츠, 애니멀, 애니메이션, 정보성, 챌린지, 코미디, 패션, 푸드, 라이징 (카테고리로 분류될 수 없는 본인만의 개성 있는 콘텐츠)

4) **숏폼 플랫폼 선택**

* 유튜브 쇼츠, 인스타그램 릴스, 틱톡, 네이버 클립 (4개 동시에 시작하는 것도 가능)

* 내가 가장 처음 할 수 있는 채널을 먼저 시작하고, 이후에는 4개의 플랫폼 채널을 다 생성해서 운영해보세요.

* 4개의 플랫폼에서 가장 반응이 좋은 플랫폼에 집중하되, 다른 채널도 멈추지 말고 관심을 두고 영상을 올리세요.

5) **캐릭터 및 콘셉트**

* 숏폼 채널에 나오는 나의 캐릭터의 특징 및 콘셉트

* 숏폼 채널은 사람이 이끌어갑니다. 캐릭터가 가지고 있는 색이 명확하면 좋습니다.

* 나를 소개하고 팔 수 있는 스토리텔링을 넣어보세요.

* 사람은 사람을 좋아합니다.

6) **영상 업로드 주기**

* 영상의 업로드 날짜를 정하면 나와 구독자의 약속이 될 수 있습니다.

예 한 달에 영상 30개 올리기, 일주일에 영상 한 개 올리기, 3일에 한 번 영상 올리기 등

7) **영상 촬영 방식**

* 촬영장소(실내, 실외 등), 장비, 구성은?

* 숏폼은 많은 장비가 필요 없습니다. 스마트폰 한 개로도 가능합니다.

* 기본적인 촬영 방식과 장비를 생각해보세요. 쉬운 방법은 인수분해했던 채널의 구성을 따라 해보는 것입니다.

예 실내, 스마트폰, 핀마이크

8) **사람들이 나의 숏폼 채널을 팔로워하게 만드는 방법은?**

* 숏폼 채널에서 줄 수 있는 이득을 생각해보세요.

* 다음 영상이 기대되고 계속 보고 싶게 만드는 숏폼 채널의 요소를 적어보세요.

9) **나의 숏폼 영상의 조회수가 많이 나오게 하는 방법은?**

* 숏폼 영상의 조회수가 많이 나오는 이유는 무엇일까요? 영상에서 어떤 이득을 주고 있는지 찾아보세요.

10) **내가 숏폼 채널을 지속하고 있는 이유는?**

* 채널을 운영하고자 하는 목적과 목표가 뚜렷할수록 잘될 수 있습니다. 이것이 모호하면 결국 포기하게 됩니다. 채널 운영의 수익인지, 마케팅인지, 영향력인지 정해야 합니다.

* 〈틱톡맨〉 채널을 〈틱톡맨〉 채널로 숏폼러 분들을 모으고자 했습니다. 1장에서 말했듯이 전자책의 실전성을 검증하는 부분이 있었습니다. 선가이드의 부캐입니다. 그리고 이를 전자책, 코칭 강의까지 이어질 수 있도록 준비했습니다. 숏폼 영상을 올려서 영향력을 키울수록 목적에 맞는 사람들이 모이고 수익을 높일 수 있습니다.

11) **나의 숏폼 채널이 가진 다른 채널과의 차별성은?**

* 숏폼 채널을 분석하며 찾은 다른 채널과의 차별성 3가지는 무엇인가요?

* 똑같이 따라 하면 넘어설 수 없습니다. 다른 것을 찾아보세요.

* 초보자라면 당장 찾기는 어렵습니다. 채널을 운영하면서 찾아내면 됩니다.

* 같으면서도 달라야 합니다. 인수분해한 채널을 그대로 복사+붙여넣기 하면 안 됩니다. 나의 채널에서는 나만의 다른 점을 부각해야 합니다. 요즘 '살림' 채널이 많습니다. 이미 특정 주제를 선점한 채널과는 경쟁이 되지 않기 때문에, '욕실 살림, 요리 살림, 절약 살림, 정리 살림'처럼 카테고리를 나누어서 포지션을 만들어야 합니다.

〈틱톡맨〉 채널은 기존에 없던 채널이었습니다. 유일했던 만큼 차별성이 있습니다. 큰 카테고리에서 카테고리를 또 나누어서 나의 카테고리를 만드는 것입니다. 그리고 이 카테고리에서 가장 유명한 채널이 되는 것입니다.

무엇보다 〈틱톡맨〉 채널이 좋은 것은 콘텐츠의 주제가 끊임없다는 것입니다. 왜냐하면 앞으로 숏폼에서 트렌드와 유행에 대한 것은 계속 나올 것이기 때문입니다. 이런 방법으로 독보적인 채널이 될수록 장기적으로 성장할 수 있습니다.

12) **나의 예상 숏폼 채널의 수익 구조는?**

* 숏폼 채널을 통해서 수익화할 수 있는 방법을 적어보세요.

* 이 기획을 반드시 먼저 한 후 채널을 만든 다음, 콘텐츠를 제작해야 합니다.

* 그래야 목적과 목표가 뚜렷해지고 방향을 잡을 수 있습니다.

* 결과적으로 숏폼 채널의 수익 구조를 생각해야 합니다. 수익이 없다면 크리에이터가 채널의 90%는 운영하고 있지 않은 것입니다. 그렇기 때문에 이를 가장 먼저 생각해야 합니다. 저도 그렇습니다. 단기적인 수익으로 끝나면 안 됩니다. 다양한 수익 방법과 구조를 설계해야 합니다. 인수분해한 채널의 수익 구조를 따와도 좋습니다. 이미 많은 고민과 시도를 하면서 정립된 것이기 때문입니다.

〈틱톡맨〉 채널의 수익 구조는 쇼츠 수익, 틱톡 수익, 선물, 광고 수익, 전자책, 코칭, 강의가 있습니다. 이것들을 각각의 수익 구조로 만들었습니다.

레벨 3단계: 숏카소가 되어 숏퍼런스 제작하기

숏카소란 무엇일까?

숏카소의 뜻은 무엇일까? 숏카소는 '숏폼+피카소'로, 사람들이 이해하기 쉽게 내가 만든 용어이다. 피카소는 어릴 적 정통 그림을 따라 하면서 실력을 키웠고, 이후에 자신만의 독창적인 스타일을 만들었다. 숏폼러도 이렇게 성장하면 가장 빨리 잘 성장할 수 있다.

피카소는 추상화로 성공한 작가다. 가장 비싸게 판매된 그림의 가격은 무려 1,600억 원이 넘는다. 그런데 피카소는 처음부터 추상화를 그렸을까? 아니다.

피카소도 처음에는 따라 그리기를 했다. 각종 미술 공식을 그대로 따라 하면서 배웠고, 이후에 피카소 고유의 추상화를 그렸다. 그리고 지금의 거장 피카소가 되었다.

숏폼도 이와 같다. 처음부터 내가 창조적인 것을 만들기는 어렵다. 창조적인 것부터 시도하다가는 80%가 망한다. 재능 없고 평범한 사람이 팔로워 10만 명의 숏폼러가 되기 위해 꼭 필요한 것이다. 5만~10만까지는 가능하다. 나는 현재도 계속 숏카소와 숏퍼런스를 실행하고 연구한다. 이것은 현재 100만 이상의 숏폼러들도 하고 있다.

숏폼 플랫폼 안에는 성공이 증명된 콘텐츠가 있다. 조회수 100만 회, 좋아요 10만 개, 댓글 1만 개의 콘텐츠다. 이처럼 성공한 채널과 영상들을 모아서 분석해보았다. 그 결과 공통 방정식을 찾아낼 수 있었다.

주제마다 조금씩 다르다. 그래서 나의 채널 주제에 맞는 분석과 기획이 필요하다. 〈틱톡맨〉 채널 영상도 숏카소 이론으로 제작하고 있다. 요즘 유행하고 추천되는 영상을 파악하고, 성공 요소를 찾고, 〈틱톡맨〉 영상에 적용하고 올린다. 그러면 역시나 떡상한다.

이미 잘되는 채널, 잘되는 영상은 데이터(조회수, 팔로워, 좋아요, 댓글)로 검증되어 있다. 검증된 사항을 분석해서 따라 하면 된다. 따라 하면서 경험과 능력을 쌓고 자신만의 독창적인 채널과 콘텐츠로 업그레이드하면 된다. 즉 '독창적인 따라쟁이'가 되어야 한다.

나는 400개 이상의 숏폼 영상을 제작했다. 그래서 '독창적인 따라쟁이 되기'가 내재화되어 있다. 그러나 이 글을 보는 당신은 아직 이런 경험이 적을 것이다. 그래서 숏카소 이론을 적용한 영상을 계속 제작하면서 능력을 쌓는 것이 반드시 필요하다.

모든 운동선수들은 먼저 잘하는 다른 운동선수를 따라 하면서 배운다. 그리고 코치와 감독님을 따라 하면서 기초를 배우고, 그러면서 자신만의 스타일을 만들어간다.

숏폼러도 마찬가지다. 먼저 다른 영상을 토대로 숏폼의 기초를 배운다. 영상 제작 방법, 형식, 구성을 배우는 단계다.

숏퍼런스란 무엇일까?

숏카소 단계에서 필요한 것이 숏퍼런스다. 숏퍼런스는 숏폼과 레퍼런스를 합친 것이다. 레퍼런스가 될 수 있는 숏폼 영상을 찾고, 이를 자신만의 스타일로 따라 하는 것이다. 레퍼런스(Reference)의 뜻은 1.말하기, 언급 대상, 2.찾아봄, 참고, 참조이다. 먼저 참고 영상을 찾는 것이다. 이렇게 해야 하는 이유가 있다. 숏폼 자체가 처음부터 이어찍기, 따라하기, 밈(SNS 등에서 퍼져 나가는 여러 문화의 유행 요소를 총칭하는 용어)의 형태로 유행했고, 지금까지 인기를 얻고 있기 때문이다.

숏폼에는 '챌린지'가 있다. 아무 노래 챌린지, 홍박사 챌린지처럼 주제를 따라 하면서 영상을 올리는 문화가 있다. 또 '이어 찍기'가 있다. 숏폼 영상을 먼저 보여주고, 다음에 이어서 자신이 찍은 영상이 보이도록 만드는 것이다. 이러한 기능을 통해 밈은 확산되면서 퍼진다. 숏폼은 밈이 진화한 형태다. 한 개의 동영상을 시작으로 새로운 영상들이 파생되어 계속 생산되면서 퍼지는 것이다. 바로 이것이 숏폼의 문화다.

오리지널 영상을 따라 하면서 자신만의 새로운 창작물을 만드는 것이 숏폼 특유의 재미다. 이런 방식으로 알고리즘이 퍼진다. 한 개의 영상을 시작으로 1천 개의 영상이 재생산될 수 있다.

이제 막 숏폼러가 되려는 사람들은 숏카소가 되어서 숏퍼런스 영상을 제작하는 단계를 경험해야 한다. 이 과정에서 자신만의 오리지널 콘텐츠를 찾을 수 있다. 물론 처음부터 오리지널 콘텐츠를 만들 수는 있다. 처음부터 실력이 있다면 가능하겠지만, 그건 쉽지 않다. 당신이 초보로 시작한다면 이런 과정을 거치는 것이 성장에 도움이 된다.

초반부터 시청자의 반응을 이끌기란 어렵다. 그리고 제작 방식도 어렵다. 그래서 초보 때 숏퍼런스를 연습하는 것이다.

만약에 영상을 똑같이 따라 해서 저작권 위반이 되면 어떻게 하냐고? 완전히 똑같다면 문제가 될 수 있다. 똑같이 따라 하는 것이 아니라, 자신만의 스타일로 재해석하는 과정이 있어야 한다.

그리고 한 개의 챌린지 영상을 똑같이 따라 하라고 100명에게 지시해도, 막상 똑같은 영상이 나오기 어렵다. 각자의 생각과 방식이 있기 때문에 제각기 다를 수밖에 없는 것이다.

숏퍼런스를 하는 방법

그러면 숏퍼런스는 어떻게 할까?

1) 자신의 주제 키워드를 검색한다. 부동산이 주제라면 부동산, 아파트, 전세 등의 키워드를 검색한다. 그리고 영상을 찾는다.
2) 검색한 영상에서 최근 한 달 이내 조회수 30만 회 이상 영상을 찾는다. 내가 다룰 수 있는 주제의 숏폼 형태 영상이어야 한다.
3) 댓글 50개 이상 영상을 찾는다. 댓글이 많을수록 반응이 높은 영상이다.
4) 해당 영상의 첫 1~3초를 분석한다. 영상의 첫 1~3초가 정말 중요하다. 아무리 좋은 영상도 다음을 볼 수 없다면 소용없다. 영상의 1~3초에 어떤 카피, 이미지, 영상이 나왔는지 다 파악한다.
5) 영상의 형식을 나눈다. 1분의 영상이라면 초반, 중반, 후반부로 나눈다. 그리고 각 부분에서 영상을 끌어가는 방식을 본다. 여기에서 포인트는 어떻게 시청 유지율을 높이고 있는지 보아야 한다는 것이다. 유지율은 '지속시간+끝까지 본 사람의 %'다.
6) 사람들이 좋아하고 영상이 잘되는 한 가지 이유와 내가 바로 따라 할 수 있는 한 가지 영상을 찾는다.
7) 숏퍼런스 영상을 기획한다. 1~3초 부분 따라 하기, 영상이 잘되는 이유 따라 하기 등을 활용한다.

숏퍼런스 영상을 채널에 30개 이상 만들어보아야 한다. 그래야 숏폼러의 기본을 다질 수 있다. 그리고 이를 반복해야 한다. 나는 지금도 숏퍼런스를 하고 있고, 앞으로도 계속할 것이다. 숏퍼런스는 숏폼 제작 능력을 키울 수 있는 가장 좋은 방법이라고 생각한다.

숏퍼런스를 할 수 있는 워크시트는 영상을 제작할 때, 작성해보자.

숏퍼런스 작성하기

1. 나의 주제인 숏퍼런스 영상 찾기(최근 한 달 이내의 30만 회 이상, 댓글 50개 이상)

2. 1~3초 분석하기(장면, 제목, 색깔, 글씨, 이미지)

3. 시청 유지율을 어떻게 올리는가?

   시청 지속 시간+끝까지 본 사람의 퍼센트율

   예) 자막을 짧게 나눈다, 무음을 없앤다, 반전을 넣는다 등

4. 왜 이 숏폼 영상이 인기 있는지 찾아보고 생각해본다.

   댓글에서 '좋아요'가 많이 달린 글을 확인해본다.

5. 숏폼 영상에서 내가 영상을 제작할 때 적용할 수 있는 것을 3가지 이상 적어보자.

SHORT
FORM

5장

팔로워 10만 인기 숏폼러의 공통점 5가지와 꼭 알아야 할 숏폼 성장 법칙 3가지

25,2K

1414

100명의 숏폼러를 분석했다. 팔로워 10만 인기 숏폼러의 5가지 공통점이 나왔다. 트렌드 서퍼, 재미 사냥꾼, 대중 소통가, 영상 장인, 캐시 메이커라고 5가지 공통점에 이름을 붙였다. 구체적으로 이해할 수 있도록 각 공통점에 해당되는 숏폼러로 설명을 했다.
그리고 나만 알고 싶은 숏폼 성장 법칙 3가지를 알려드린다. 숏폼러라면 꼭 알아야 것이라고 생각한다. 공개를 망설였지만, 중요한 노하우라고 생각해 공개하기로 했다.

법칙1: 오리지널 카테고리 킹

법칙2: 팔로워 트랙 만들기

법칙3: 숏폼 알고리즘 해킹

3가지 법칙만 채널에 잘 적용해도 팔로워 1만 명은 빠르게 넘길 수 있을 것이다. 그리고 나는 아직까지도 이 3가지 법칙을 적용해 채널을 성장시켜 나가고 있다.

팔로워 10만 인기 숏폼러의 5가지 공통점

100명 이상 숏폼러의 공통점을 발견했다. 이중 50%는 팔로워가 10만 명이 넘었다. 이 공통점을 크게 5가지 형태로 분류했다. 만약 당신이 다음의 5가지 형태에 모두 해당된다면 팔로워 10만의 인기 숏폼러가 될 수 있을 것이다.

- 트렌드 서퍼
- 재미 사냥꾼
- 대중 소통가
- 영상 장인
- 캐시 메이커

공통점 1 - 트렌드 서퍼

숏폼 영상의 트렌드는 날씨와 바람에 따라서 변하는 파도와 같다. 챌린지와 유행은 계속 변하고, 새롭게 탄생한다. 시시각각 모양과 크기가 변하는 파도를 타는 서퍼처럼 숏폼러도 트렌드를 타는 서퍼가 되어야 한다. 유행과 트렌드를 포착해야 한다. 그리고 나의 영상에 녹여내야 한다. 계속 찾고 변화에 적응할 수 있어야 한다. 정체되어 있으면 망한다. 유행의 파도를 타지 못하면 결국 가라앉게 된다.

숏폼은 트렌드와 유행이 50% 이상이라고 생각한다. 그러면 어떻게 해야 할까? 먼저 유행의 파도를 찾을 수 있는 안목이 필요하다. 숏폼 트렌드를 찾는 3가지 노하우를 알려드리겠다.

1) 숏폼 분석 사이트 이용하기

숏폼 분석 사이트는 가장 정확하고 검증된 데이터다. 수치화된 결과를 통해 트렌드를 구체적으로 알 수 있다.

- **틱톡 크리에이트 센터**: 한국 틱톡의 해시태그, 노래, 크리에이터를 기준으로 현재의 트렌드를 알 수 있다. 최근 7일 기준, 30일 기준으로 가장 주목받은 콘텐츠를 한눈에 파악할 수 있다. 이를 분석하는 것이 가능한데, 영상의 개수와 조회수, 지역 등을 통합해서 판단해야 한다.
- **유튜브 플레이보드**: 유튜브 쇼츠로 트렌드를 찾을 수 있다. 쇼츠

관련 통계만 확인이 가능하다. 조회수, 좋아요의 숫자와 랭킹을 알 수 있는데, 이 랭킹을 보면서 트렌드를 파악할 수 있다. 현재 급상승하고 있는 쇼츠 채널과 영상을 확인할 수 있다.

- **릴스 숏 부스터**: 지금 터지고 있는 핫한 릴스 영상을 모아 볼 수 있다. 릴스 제작 시간을 아낄 수 있다. 초기 사이트의 형태인데, 계속 발전할 수 있다고 생각한다. 인기 릴스가 왜 추천되었는지 분석해줌으로써 좋은 콘텐츠 기획을 하는 데 도움을 주고 있다.

2) 추천 영상 놓치지 않기

쇼츠, 틱톡, 릴스에서 두 번 이상 추천되는 영상은 놓치지 말아야 한다. 추천되는 영상은 현재 제일 인기가 많은 영상이다. 인기가 없는 영상은 추천이 되지 않는다. 두 번 이상 추천되는 영상은 이런 트렌드가 유행이라는 검증이 이루어진 것이므로 저장해두면 좋다.

숏폼은 반복이다. 이를 '뇌절'이라고 표현하는데, 뇌절은 트렌드가 되었다는 것이다. 뇌절은 1절, 2절, 3절 등으로 계속되는 것을 뜻한다. 그만큼 많이 나온다는 의미다. 뇌절이 되기 전에 해당 트렌드 영상을 올리면 좋다. 다른 채널에서도 영상을 많이 올릴수록 나의 영상이 자주 추천되는 상황이 펼쳐진다.

3) 트렌드 레터 구독하기

트렌드 레터로 틱톡 트렌드 레터, 유튜브 트렌드 레터가 있다. 트렌드를 가장 빠르고 정확히 알 수 있는 곳은 플랫폼이다. 플랫폼에

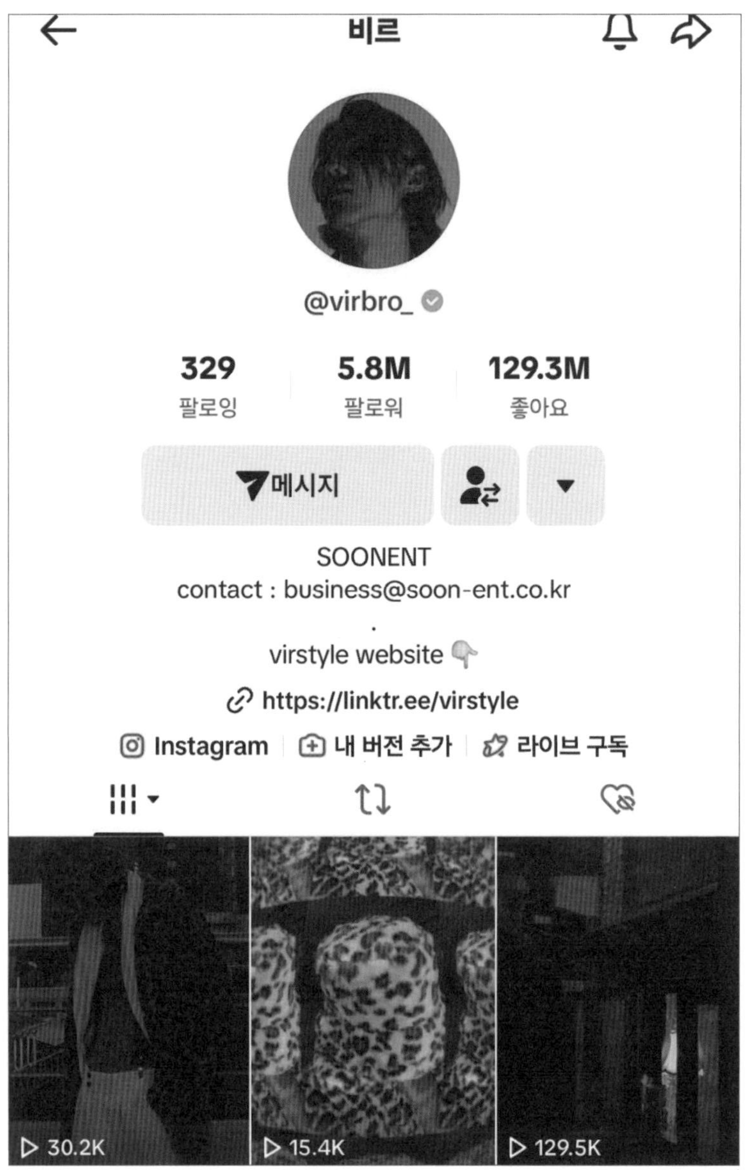
비르
@virbro_
329
팔로잉
5.8M
팔로워
129.3M
좋아요
메시지
SOONENT
contact : business@soon-ent.co.kr
.
virstyle website
https://linktr.ee/virstyle
Instagram
내 버전 추가
라이브 구독
30.2K
15.4K
129.5K

서 트렌드를 잘 정리해서 매주 보내준다. 이 레터에서 알려주는 트렌드를 나의 숏폼에 그대로 적용하면 된다. 트렌드 레터는 사이트에서 신청할 수 있다.

대표적인 트렌드 서퍼 사례로 〈비르〉을 소개한다. 비르님은 580만 명의 팔로워를 보유하고 있다. 틱톡에서 유행하는 트렌드를 자신의 패션과 스타일로 영상을 창작하고, 자신만의 방식으로 적절하게 재해석한다. 해외와 국내 트렌드 유행을 빠르게 파악해 영상으로 제작한다. 다른 숏폼러와 콜라보 영상을 자주 제작하기도 한다. 트렌드 서퍼의 사례를 알고 싶다면 〈비르〉의 채널 영상을 보면 된다.

공통점 2 - 재미 사냥꾼

일오팔

사람들이 숏폼을 보는 이유는 첫 번째도, 두 번째도, 세 번째도 재미다. 재미없는 숏폼 영상은 버림받는다. 1분 안에 재미를 전달해야 한다.

"나는 재미가 없는데 어떻게 하죠? 춤도 노래도 못 추고 재미랑 멀어요!" 걱정하지 않아도 된다. 재미는 주관적이라서 사람들의 관심사마다 언제든 달라질 수 있다. 공부, 정보, 뉴스도 누군가에게는 재미가 될 수 있다. 예를 들어 탁구 동호인은 탁구 영상을 재미있어 하지만 탁구 동호인이 아니라면 탁구가 재미있을 리 없다. 이처럼 재미는 지극히 주관적이므로 관심사의 영역에 따라 재미

일오팔
@158mcm
278
팔로잉
257.9K
팔로워
9.2M
좋아요
메시지
작지만 강합니다
비즈니스 문의 : business@shortt.kr
https://www.instagram.com/158mcm/
나만의 버전 추가
7319
62.5K
193.0K

가 될 수도, 안 될 수도 있다.

〈틱톡맨〉 채널도 재미없는 정보성 채널이다. 그러나 〈틱톡맨〉이 소개하는 유행은 재미 있는 요소다. 그래서 표현은 재미가 없을 수 있지만 재미 요소가 생긴 것이다. 뉴스도 재미 없는 방식으로 말하지만, 이슈를 다루기 때문에 재미 있을 수 있듯이 말이다. 능력이 된다면 숏폼 영상에 개그, 위트를 조금씩이라도 넣어주면 더 좋다.

50만 유튜브 구독자, 25만 틱톡 팔로워, 인스타 10만 팔로워 〈일오팔〉님은 재미 사냥꾼의 면모를 보이는 숏폼러 사례로 들 수 있다. 상황극과 패러디를 콘텐츠로 숏폼 영상을 찍으며 표정 연기, 춤, 기획까지 1분 이하의 영상을 재미있게 제작한다. 이처럼 엔터형 숏폼은 항상 좋은 반응을 얻을 수 있다.

공통점 3 – 대중 소통가

닥터후

숏폼은 팔로워와 보다 긴밀한 소통을 가능하게 해준다. 댓글을 통해 참여를 유도하는 기능을 활용해 '팔로워 이벤트' '좋아요 공약' 등 팔로워의 반응을 이끌어 내어 적극적으로 소통함으로써 숏폼 영상을 제작하는 것이다. 이를 통해 숏폼러는 팔로워에게 친밀한 인상을 심어줄 수 있다.

숏폼은 롱폼에 비해서 대중적인 노출 알고리즘을 가지고 있다. 롱

닥터후(Doctor who)
@13doctorwhoo
2868
팔로잉
5.0M
팔로워
151.8M
좋아요
팔로우
MCN(소속사) : witU(윗유)
찐한 친구랑 같이 제티 먹고싶다면?(11/24~12/7)
이메일
킹받네
닥터후가 사라진 일주일
닥밍먹방
고정됨
1.3M
고정됨
4.9M
고정됨
꿈은 없어도 됩니다
그래도 최소한의 목표는
있어야 해요
5.0M

폼은 구독자 중심으로 영상이 추천되기에 팔로워 숫자가 적다면 조회수 10만 회 이상이 나오기 어렵다. 반면에 숏폼은 팔로워가 0명이라도 10만 회 이상이 될 수 있다. 숏폼은 팔로워 기반이 아니라 영상 기반의 알고리즘을 가지고 있기 때문이다.

그래서 대중성을 가진 콘텐츠의 반응이 더 좋다. 좁은 주제의 영상보다 대중성 있는 주제를 다루는 것이 채널 성장에 이득이 된다. 대중의 심리를 알고 소통할 수 있는 영상을 찍는 능력이 필요하다.

〈틱톡맨〉 채널에서 '한국 틱톡 1위 댓글 영상 만들기'를 기획했다. 틱톡을 보는 모든 사람이 참여할 수 있는 주제로 기획한 것이다. 한국 틱톡 댓글 1위의 개수는 1만 개인데, '이 영상에 댓글 1만 개를 넘겨봅시다'라는 것이 기획 목적이었다. 그러자 1주일 만에 10만 개의 댓글이 달렸다.

대중 소통가로 널리 알려진 숏폼러 사례로 60만 유튜브 구독자, 틱톡 팔로워 500만의 〈닥터후〉를 소개한다. 챌린지, 유머, 소통 영상을 주제로 채널을 운영한다. 댓글 요청에 따라 만든 영상, 팔로워를 찾아가는 영상, 공약을 내세우고 지키는 영상 등으로 시청자와 소통하고 있다.

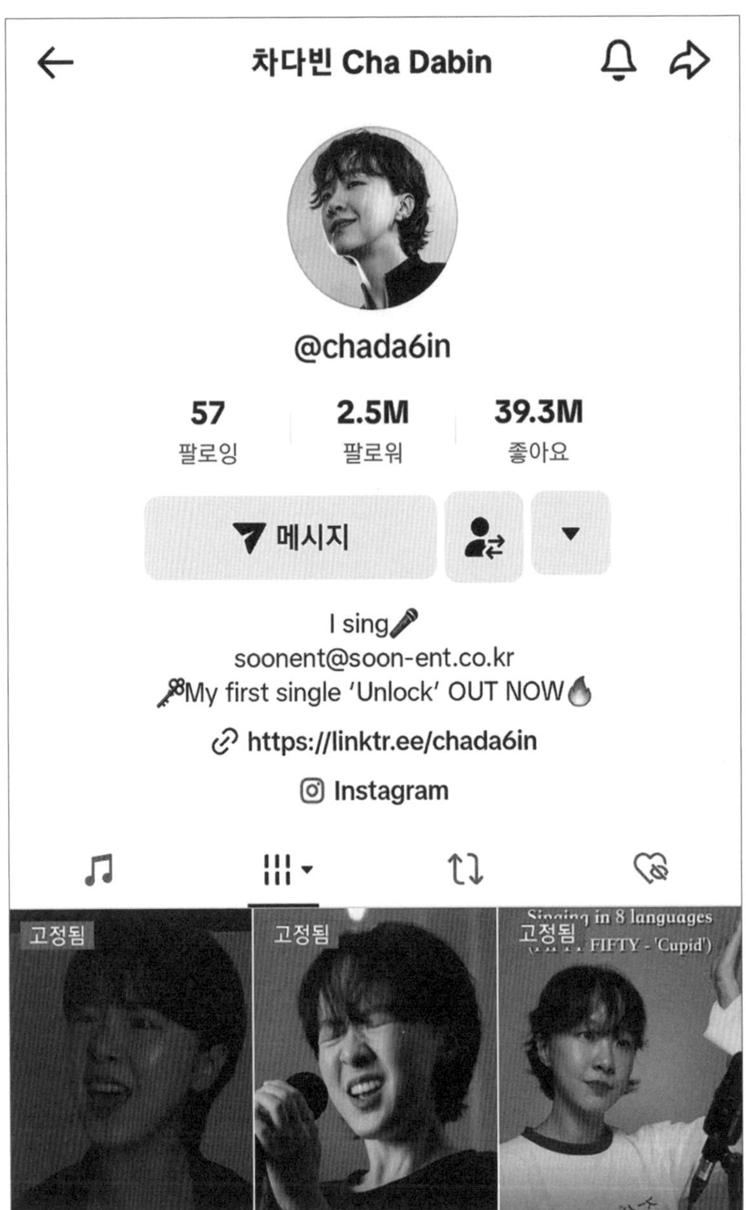

차다빈 Cha Dabin
@chada6in
57
팔로잉
2.5M
팔로워
39.3M
좋아요
메시지
I sing
soonent@soon-ent.co.kr
My first single 'Unlock' OUT NOW
https://linktr.ee/chada6in
Instagram
고정됨
고정됨
고정됨
in 8 languages
FIFTY - 'Cupid')

공통점 4 - 영상 장인

차다빈

영상 장인처럼 잘되는 숏폼러들은 매일 숏폼 영상 제작을 생각하고 업로드한다. 한 달에 30개 이상 영상을 업로드하기도 한다. 기본적으로 채널에 300개 이상 영상이 업로드되어 있다. 한 가지 작업을 계속하는 장인처럼 영상을 제작하는 것이다. 영상 조회수의 높고 낮음을 생각하지 않고 장인 정신을 가지고 꾸준히 업로드한다. 업로드를 멈추지 않을 수 있는 자신만의 영상 제작 시스템을 만든다. 더 좋은 작품을 위해서 계속 공부하고 발전한다. 잘되는 숏폼러 중에서 영상을 지속적으로 올리지 않는 숏폼러는 없다. 이것이야말로 숏폼 성공의 기본값이다.

영상 장인 숏폼러 사례로 〈차다빈〉을 소개한다. 유튜브 구독자 552만, 틱톡 팔로워 230만, 인스타그램 43만 팔로워를 기록 중인 보컬 커버 주제의 숏폼러이다. 유튜브에 357개의 영상을 올렸다. 한 달에 20개의 영상을 꾸준히 올린다. 일관성 있게 노래하는 커버영상을 장인처럼 제작한다.

공통점 5 - 캐시 메이커

숏폼은 수익이 있어야 한다. 수익이 없으면 운영을 못한다. 나도 그렇다. 숏폼러들은 채널로 계속 수익 창출을 지속하고 수익률을 높일 수 있는 방법을 모색한다. 수익이 높고 안정적일수록 채널의 영상을 더 잘 올릴 수 있는 반면, 수익이 없으면 팔로워 100만 명을 모아도 영상 제작을 포기하게 된다.

숏폼 수익을 만드는 캐시 메이커가 되어야 한다. 잘되고 있는 숏폼러는 모두 숏폼으로 수익을 만들고 있다. 숏폼 조회수 수익, 광고 수익, 상품 판매 수익, 서비스 수익, 제휴 수익 등 다각화된 수익을 얻고 있다.

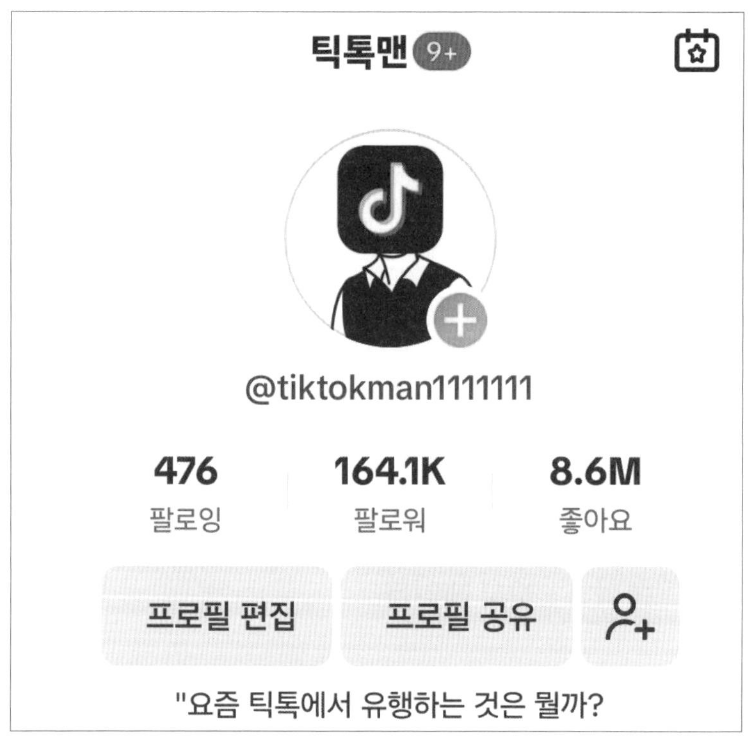

캐시 메이커 숏폼러 사례로 내 채널이기도 한 〈틱톡맨〉을 소개한다. 유튜브 쇼츠 조회수 수익, 틱톡 조회수, 숏폼 전자책 수익, 숏폼 온라인 동영상 판매 수익, 숏폼 그룹 코칭 수익, 1:1 코칭 수익, 단체 강의 수익, 광고 제작 수익 등 총 8가지의 경로로 숏폼 수익을 얻고 있다. 시간과 노력을 들이지 않아도 자동으로 판매될 수 있는 구조를 만들어두었고, 24시간 수익이 생기고 있다. 수익성을 지속적으로 실현할 수 있는 수익 구조를 발전시키기 위해 새로운 상품과 서비스를 계속 론칭하고 있다.

틱톡맨

지금까지 성공하는 숏폼러의 5가지 공통점을 알려드렸다. 이 5가지 능력을 모두 가지고 있으면 제일 좋지만, 이에 해당되지 않아도 사례로 소개한 숏폼러들의 채널을 보면서 배우고 5가지 공통점을 내 능력으로 소화해 키워내면 된다.

나만 알고 싶은 숏폼 성장 법칙 3가지

나만 알고 싶은 숏폼 성장 법칙 3가지가 있다. 3년간 숏폼러로 활동하면서 깨닫게 된 것이다. 숏폼러라면 꼭 알아야 할 것이라 생각해 만든 법칙이다. 나만 알고 싶은 성장 법칙이지만 배우고 알게 되는 것은 알려야 한다고 생각한다. 그래야 더 발전할 수 있다. 숨기는 것은 한계가 있다. 그래서 앞으로도 계속 연구하고 숏폼러분들이 잘 되기 위한 마음으로 공개할 것이다.

법칙 1 - 오리지널 카테고리 킹

성공하는 숏폼러가 되려면 자신만의 오리지널 숏폼 영상을 만들어야 한다. 다른 숏폼 영상을 붙여넣기 하는 숏폼 채널은 단기적으로는 성장할 수 있으나, 장기적으로는 성장하지 못한다. 나만의 오리지널 영상을 만들어야 한다.

쿠팡 파트너스, 애드센스, 뉴스픽 등 숏폼 영상과 제휴 마케팅으로 수익을 내는 숏폼 채널이 있지만 이런 채널은 한계가 있다. 플랫폼에서 정지를 당할 수 있고, 알고리즘이 변해서 노출이 안 될 수도 있다. 잘되는 숏폼러 중 이러한 방식으로 채널을 운영하는 숏폼러는 3% 이하라고 생각한다. 빨리 가려고 욕심을 내다가 결국 멀리 돌아가는 길로 갈 수 있다.

카테고리 킹이 되어야 한다. 해당 카테고리 주제에서 제일 잘 알려진 채널이 되는 것이다. 롱폼은 이미 카테고리 킹이 잡혀 있는데, 대표적으로 '요리 백종원' '먹방 쯔양' 등이 있다. 하지만 숏폼에는 아직 아무것도 자리 잡혀 있지 않으니, 자신만의 카테고리를 정하고 그곳에서 1인자가 되어야 한다.

〈틱톡맨〉의 경우에는 틱톡의 트렌드와 정보를 알려주는 채널로 자리 잡았더니 어느새 독보적인 채널이 되어 있었다. 카테고리 내의 다른 채널이 생겨날수록 〈틱톡맨〉 채널은 그만큼 더 잘될 확률이 높아진다. 특정 카테고리와 관련된 채널이 많아질수록 기존에 자리매김한 채널이 더 널리 추천되는 경향이 있기 때문이다. 그런 점에서 자신의 숏폼 채널과 관련한 주제에서 1등을 할 수 있는 콘셉트를 잡는 것이 필요하다.

법칙 2 - 팔로워 트랙 만들기

팔로워 트랙을 만들어야 한다. 팔로워 트랙의 의미를 간단히 이야기하자면, 팔로워의 행동 경로를 정하는 것이다. 단순히 숏폼 영상만 보고 다른 영상으로 넘어가면 안 된다.

나의 경우에는 '영상 → 채널 프로필 → 프로필 링크 → 카페 → 카페 가입 → 전자책 다운로드'로 팔로워 트랙을 만들었다. 이처럼 항상 목적을 가지고 영상을 제작해야 한다. 팔로워들이 숏폼 영상을 보고 난 후 행동할 수 있는 경로를 만들어두는 것이다. 그렇게 팔로워에게 영상이 노출되면 내가 원하는 방향으로 팔로워가 움직일 수 있게 된다.

〈선가이드〉 채널의 팔로워 트랙

다음은 〈선가이드〉 채널의 팔로워 트랙의 예시다.

- 틱톡, 쇼츠, 릴스에 숏폼을 주제로 한 영상을 올린다. 그리고 영상 댓글과 프로필에 숏폼 무료 전자책을 다운로드 받을 수 있는 사항을 알려준다.

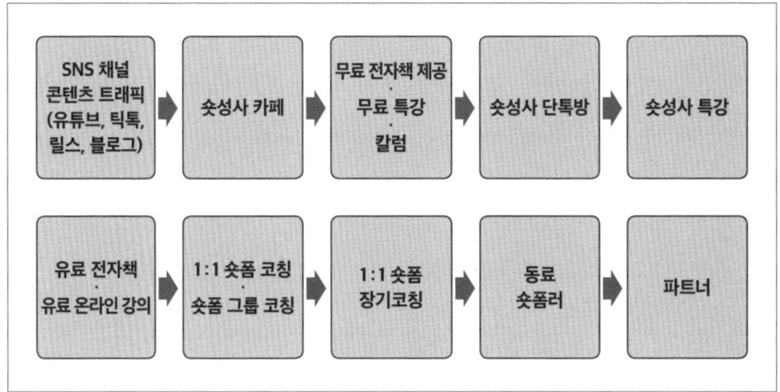

▲ 선가이드의 팔로워 트랙

- 해당 전자책을 읽기 위해 숏성사 카페에 가입한다.
- 숏성사 카페에서 무료 전자책, 무료 영상 강의, 칼럼을 접한다.
- 숏성사 카페에서 제공하는 무료 자료에 관심을 가지면서 숏성사 카카오 단톡방에도 참여해 무료 특강을 듣는다.
- 관련 정보를 얻고 그것에 꾸준하게 관심을 가지며 유료 전자책, 강의 코칭 프로그램에 참여한다.
- 프로그램에 참여하면서 숏폼 채널의 시작과 성장을 경험하고 신뢰를 쌓는다.
- 이후에 숏성사 공동체와 함께 채널 성장을 도모하고 비즈니스를 개발한다. 핵심은 영상을 만드는 목적을 항상 생각해야 한다는 것이다.
- 숏폼 영상 → 팔로워 증가
- 숏폼 영상 → 상세 페이지 클릭 → 상품 판매
- 숏폼 영상 → 댓글과 공유 버튼 클릭하기 → 조회수 증가

위와 같은 영상의 목적성을 생각하고 기획하는 것이다. 숏폼 영상 조회수만 좋다고 좋은 것이 아니다. 채널 운영의 목적과 방향성에 맞는 영상을 올리고 발전시키는 것이 중요하다.

법칙 3 - 숏폼 알고리즘 해킹

숏폼 알고리즘을 해킹해야 한다. 숏폼 알고리즘은 계속 변화한다. 지금도 변하고 있고, 앞으로도 변할 것이다. 그래서 정답은 없다. 하지만 변하지 않는 것이 한 가지 있다. 사람의 마음을 만족시켜주는 영상은 알고리즘을 타고 추천된다는 것이다. 사람들이 좋아하는 반응이 나오는 영상은 알고리즘을 탈 수밖에 없다.

이를 숏폼 플랫폼에서 데이터로 측정한다. 이렇게 측정된 데이터를 토대로 영상의 시청자 만족도가 어떤지를 판단하고 사람들에게 추천할지, 아니면 추천하지 않을지를 결정한다. 즉 숏폼 데이터로 표시되는 수치가 올라갈 수 있도록 영상을 제작하면 추천 영상이 된다는 것이다.

틱톡, 유튜브, 인스타그램 데이터 분석의 공통점을 찾았다. 공통 항목이 높을수록 좋은 영상으로 판단된다. 즉 사람들이 좋아하고 가치를 느낄 만한 영상을 만들면 된다. 그러면 저절로 영상의 조회수는 올라갈 것이다.

알고리즘을 해킹하는 방법은 데이터로 역수치를 만드는 것이다.

먼저 생각해보자. 숏폼 플랫폼은 크리에이터에게 엄청난 비밀을 알려주고 있다. 나 또한 초기엔 이것의 중요성을 몰랐다. 알아도 제대로 해석하지 못했다. 하지만 숏폼 플랫폼은 숏폼러에게 어떤 영상이 좋은 영상이고, 추천받는 영상인지 데이터로 정확하게 알려주고 있다. 사람들의 행동을 데이터로 종합해서 수치로 기록한 것이다. AI 알고리즘은 결코 주관적이지 않다. AI 알고리즘은 수치화된 행동 데이터를 객관적으로 종합해서 판단한다.

숏폼 플랫폼은 왜 이런 데이터를 알려줄까? 숏폼러가 데이터를 분석한 것을 토대로 더 좋아할 만한 영상을 제작할 것을 요구하는 것이다. 그래야 양질의 영상이 많아지고, 시청자의 만족도가 높아지고, 광고 수익도 늘어나기 때문이다.

만약 숏폼 플랫폼에 관해 크리에이터에게 제공되는 데이터가 없다면, 크리에이터는 어떤 영상이 좋은지, 어떤 요소를 사람들이 좋아하는지 알 수가 없다. 그러면 그 이상 퀄리티 높은 콘텐츠가 생산될 수 없다.

상상해보자. 조회수, 좋아요, 댓글, 공유수를 숏폼러가 모른다면 어떻게 될까? 숏폼러는 다음 영상을 찍을 때, 엄청난 고민을 하게 될 것이다. 시험 문제를 풀었는데, 채점을 못 하고 점수를 알지 못하는 일이 생기는 것이다.

숏폼 플랫폼 영상 조회수를 높이기 위한 해킹을 하고 싶다면, 숏폼 플랫폼이 제공하는 데이터를 역판단해서 영상을 제작하면 된다. "좋은 영상을 만들어야지!"가 아니라 "데이터 성과가 잘 나오는 영상을 만들어보자!"로 발상을 바꿔보는 것이다.

이를 위해 3대 숏폼 플랫폼이 제공하는 데이터를 분석해보고, 이 데이터의 공통점을 찾아보자. 이것이 핵심이다. 이는 모든 숏폼 플랫폼에도 통하는 방법이 될 것이다.

틱톡 영상 데이터 분석

틱톡의 영상 분석 기준은 다음과 같다.

1. 동영상 조회수
2. 프로필 조회수
3. 좋아요
4. 댓글
5. 공유
6. 팔로워 증가수
7. 총 재생 시간
8. 평균 시청 시간
9. 전체 동영상 시청 완료율
10. 새로운 팔로워
11. 영상 유지율

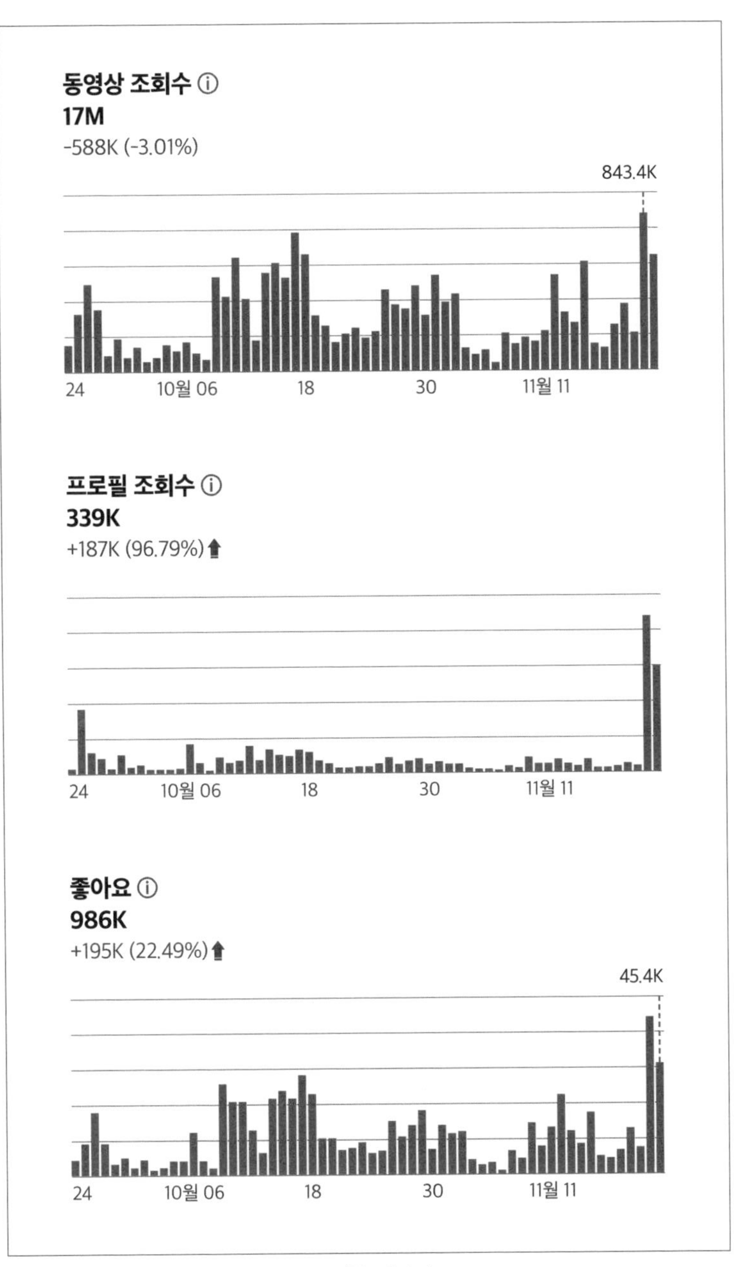

▲ 틱톡 데이터

출처: 〈틱톡맨〉 채널

동영상 조회수
17.7M (+18.63%)
프로필 조회수
236.5K (+36.14%)
좋아요
876.4K (+21%)
댓글
119.8K (+622.7%)
공유
14.4K (+165.86%)
팔로워
47,323 총계
8월 18일 - 10월 16일 동안 총 +15.2K
453.8K
24.9K
49
25
1,397
이 데이터는 2022-10-16에 업데이트 되었습니다.
총 재생 시간
1,721시간:10분:29초
+1,714.5시간 (-1일 전 대비)
평균 시청 시간
16.4초
+0.1초 (-1일 전 대비)
전체 동영상 시청함
6.95%
-0.01% (-1일 전 대비)
새 팔로워
239
+0 (-1일 전 대비)
유지율
100%
75%
50%
25%
0%
0:00
0:12
0:24
0:35

▲ 틱톡 영상 데이터 분석

출처: 틱톡맨 채널 데이터

쇼츠 영상 데이터 분석

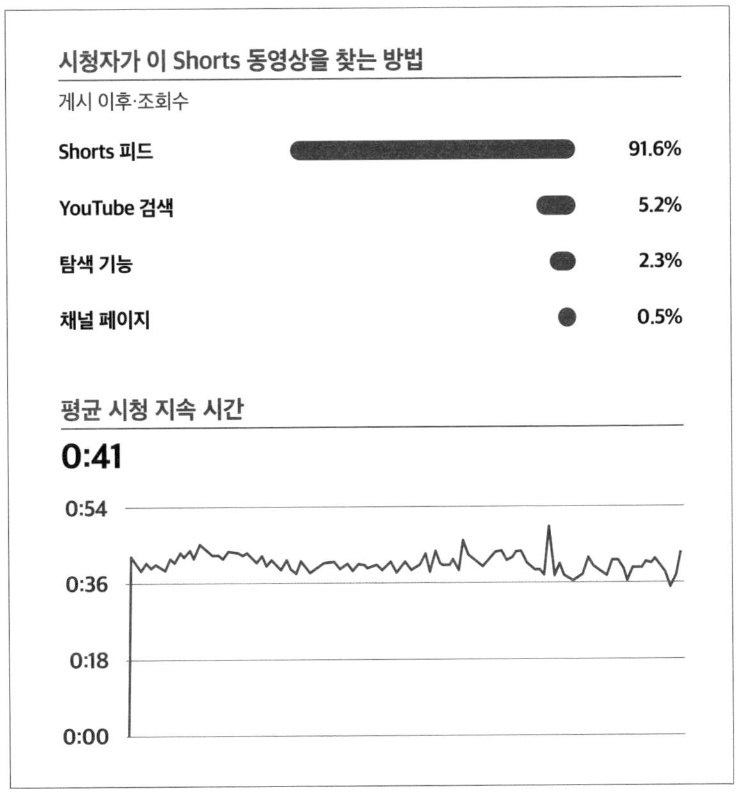

▲ 틱톡맨 유튜브

출처: 채널 데이터

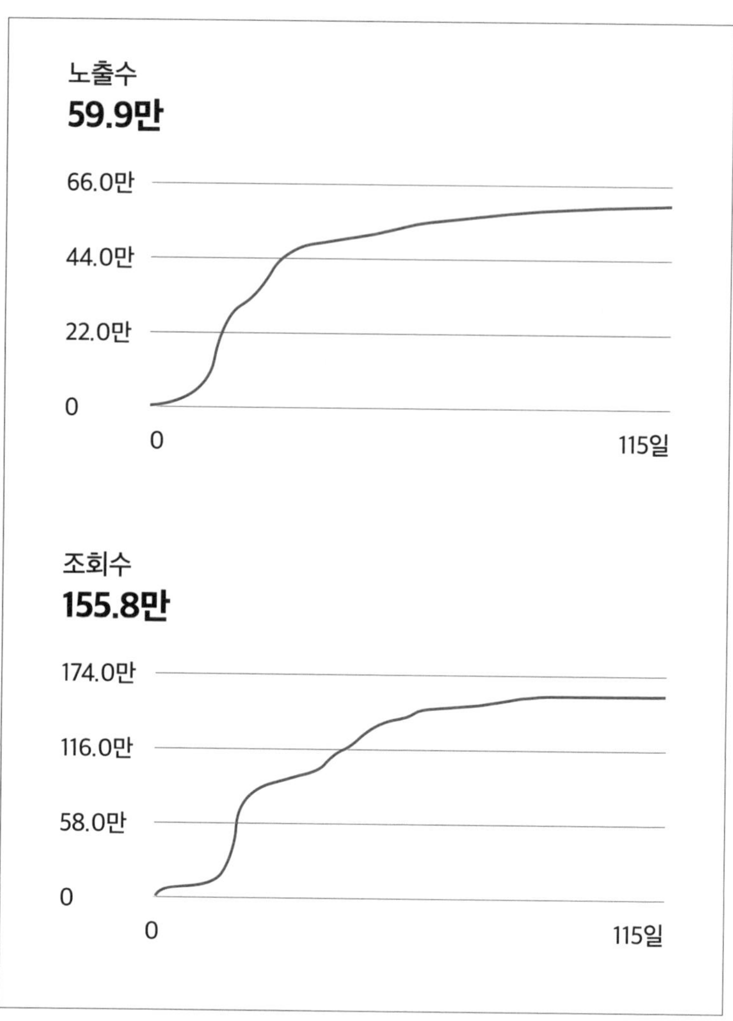

▲ 틱톡맨 유튜브 쇼츠 데이터

출처: 쇼츠 데이터

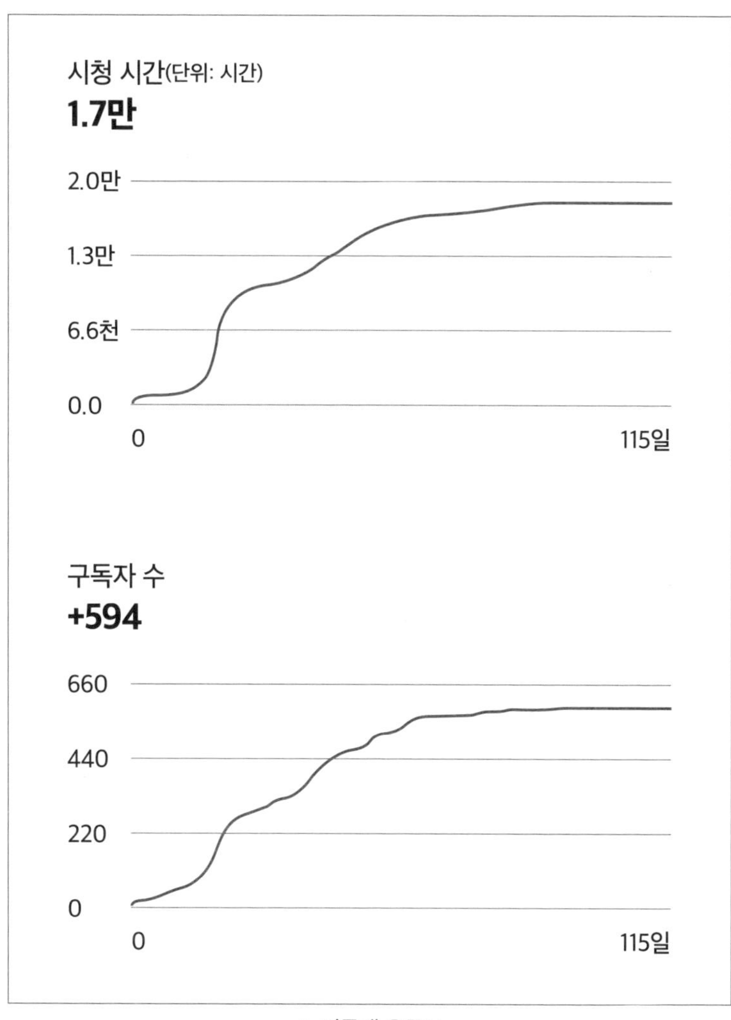

▲ 틱톡맨 유튜브

출처: 쇼츠 데이터

연령

게시 이후·조회수

만 13~17세	5.1%
만 18~24세	17.0%
만 25~34세	22.5%
만 35~44세	31.8%
만 45~54세	20.3%
만 55~64세	2.5%
만 65세 이상	0.8%

성별

게시 이후·조회수

남성	79.8%
여성	20.2%
사용자가 지정	0.0%

많이 본 지역

게시 이후·조회수

대한민국	97.3%
미국	0.8%
베트남	0.3%

▲ 틱톡맨 유튜브

출처: 쇼츠 데이터

릴스 영상 데이터 분석

릴스 인사이트

재생	좋아요	댓글	공유	저장
3266036	108351	928	30416	11453

개요

도달한 계정	2,270,621
릴스 반응	151,148

도달

2,270,621
도달한 계정

624 팔로워

2,269,997 팔로워가 아닌 사람

재생	3,266,030
최초 재생	2,403,318
다시 보기	862,712
시청 시간	25485시간 7분 15초
평균 시청 시간	38초

릴스 인사이트

재생	3,266,030
최초 재생	2,403,318
다시 보기	862,712
시청 시간	25485시간 7분 15초
평균 시청 시간	38초
릴스 반응	151,148
좋아요	108,351
공유	30,416
저장	11,453
댓글	928

출처: 틱톡맨 인스타그램 데이터

릴스의 영상 분석 기준은 다음과 같다.

1. 조회수
2. 좋아요
3. 댓글
4. 공유수
5. 저장수
6. 재생 횟수
7. 도달 계정

숏폼 영상 데이터 항목의 핵심 공통점

지금까지 살펴본 숏폼 3대 플랫폼의 영상 분석 기준은 다음과 같이 총 15개 요소로 정리된다(중복은 제외). '조회수, 노출수, 프로필 조회수, 좋아요, 댓글, 공유수, 총 시청 시간, 평균 시청 시간, 저장 횟수, 구독자 증가수, 전체 영상 시청 완료율, 동영상 접근 방법, 연령, 성별, 많이 본 지역'이다.

그중에서도 틱톡, 쇼츠, 릴스, 클립의 영상 데이터 항목의 핵심 공통점은 '조회수, 좋아요, 댓글, 공유수'로 도출된다.

선가이드가 생각하는 숏폼 영상 데이터 핵심 9가지 요소는 다음과 같다. 다음의 9가지 항목이 높을수록 추천 영상이 될 확률이 높아진다.

1. 좋아요
2. 댓글
3. 공유
4. 총 시청 시간
5. 시청 지속 시간
6. 새 팔로워 증가
7. 프로필 조회수
8. 저장
9. 즐겨찾기

데이터는 사람들의 욕망과 행동을 숫자로 구체화한 것으로 측정하고 분석할 수 있도록 한 것이다. 즉 영상의 조회수에만 집착한다고 이 9가지의 데이터가 저절로 충족되는 것은 아니다. 이 9가지 데이터를 높이는 과정에서 조회수 상승도 자연스레 따르는 것이라고 생각해야 한다.

숏폼 영상을 '떡상'시키고 싶다면 이 9가지 데이터 요소를 높이는 것에 맞추어 영상을 제작하면 된다. 이처럼 숏폼 영상을 제작하기 전에는 역발상을 활용해 채널과 영상을 기획하고 이를 실행에 옮겨야 한다.

SHORT FORM

6장

숏폼 성장 여덟 계단과 숏폼 비즈니스 역피라미드 만들기

숏폼러 성장의 여덟 계단을 알려드린다. 각 계단 순서로 숏폼 채널이 성장하는 단계를 알 수 있다. 첫 번째 계단은 '숏폼 채널 시작하기'이다. 두 번째 계단은 '무조건 영상 5개 올리기'이다.

세 번째 계단은 '숏폼 인수분해 기획하기'이다. 네 번째 계단은 '숏퍼런스 영상 30개 업로드하기'이다. 다섯 번째 계단은 '팔로워 1천 명 모으기'이다. 여섯 번째 계단은 '팔로워 1만~3만 만들기'이다. 일곱 번째 계단은 '숏폼 수익화 단계'이다. 여덟 번째 계단은 '팔로워 10만 이상 SNS 초고소득 스킬'이다.

다음 단계로 성장하는 과정을 미리 알고 준비할 수 있다. 그리고 '숏폼 비즈니스 역피라미드 만들기'를 알려드린다. 억대 연봉 수익 숏폼러가 되기 위해서 필요한 고급 단계라고 할 수 있다. 1층은 '숏폼 트래픽 만들기'이다.

2층은 '인지도 높이기'이다. 3층은 '저수지로 모으기'이다. 4층은 '육성과 신뢰도 높이기'이다. 5층은 '상품과 서비스 만들기'이다. 6층은 '반복으로 강화하기'이다. 7층은 '반자동화 시키기'이다.

숏폼 성장 여덟 계단

숏폼 채널을 야심차게 시작하지만 결국 포기하고 마는 결정적인 이유가 있다. 숏폼을 하고 있지만, 현재 내가 어떤 단계에 있는지 모르기 때문이다.

여행을 떠날 때, 목적지로 가는 지도가 있다면 힘든 상황 속에서도 계속 나아갈 수 있다. 하지만 지도가 없다면 내가 가는 길이 제대로 된 방향인지 알 수가 없다. 그렇게 되면 길을 가고자 했던 마음을 포기할 수 있다.

숏폼도 마찬가지다. 현재 나의 채널의 성장 단계가 어느 정도인지, 어떻게 되고 있는지 모르면 지속하기가 힘들다. 하지만 방향과 성장 단계에 대해서 먼저 알고 있으면 중간에 슬럼프가 오더라도 계속 성장해 나갈 수 있다.

500명이 넘는 숏폼러 분들을 만나면서 그들의 성장 단계를 직접 지켜보았다. 그 경험을 통해 '가장 빠르게 성장할 수 있는 방법'을 8단계로 정리했다. 그러면 이 계단의 단계를 알 수 있고 성장하는 과정을 포기하지 않고 해나갈 수 있을 것이다.

첫 번째 성장 계단: 숏폼 채널 시작하기

누구에게나 시작이 제일 어렵다. 마음이 있어도 정작 숏폼 채널을 시작하지 못한다. 실제로 숏폼에 관심 있는 90%가 시작은 못 하면서 잘할 수 있을까 미리 걱정부터 한다. 그러다 보니 어디서부터 시작해야 할지조차 몰라 방황한다. 몰라도 해보는 것이다. 채널을 만들고 영상도 올려본다. 이 과정으로 플랫폼에 대해서 이해하고 익숙해질 수 있다. 머뭇거리거나 두려워하지 말고 과감하게 숏폼 채널을 시작해야 한다.

두 번째 성장 계단: 무조건 영상 5개 올리기

숏폼을 시작하기 위해서 무조건 5개의 영상을 올려야 한다. 주제는 상관없다. 5개의 영상을 올리면서 '촬영하기' '편집하기'를 시험할 수 있다. 채널을 만들어야 플랫폼에 영상을 업로드하는 방법과 기능을 알 수 있듯이 말이다.

방법은 간단하다. 스마트폰으로 아무 곳이나 10초 동안 촬영하고 영상을 만들어서 올려보는 것이다. 영상을 올리는 것만으로도 전반적인 기능을 알 수 있다.

세 번째 성장 계단: 숏폼 인수분해 기획하기

기본적인 기능을 이해하고 실행도 했으면, 이제 다른 채널을 분석해야 한다. 성공한 채널의 공통점과 콘셉트를 확인하는 '숏폼 인수분해'를 하면 된다.

그리고 이 내용을 토대로 나의 숏폼 채널 기획을 한다. 기획으로 생각을 정리하고 다시 시작할 수 있다.

네 번째 성장 계단: 숏퍼런스 영상 30개 업로드하기

숏퍼런스 영상 30개를 올려야 한다. 30개를 올리는 과정에서 기초 체력이 쌓여 지속적으로 영상을 제작할 수 있는 능력을 얻게 된다. 또한 숏퍼런스를 하면 사람들이 좋아하는 숏폼의 형태를 배울 수 있어 잘되는 영상과 안 되는 영상을 구분할 수 있다. 그렇게 되면 자연스레 잘되는 영상의 콘셉트를 구체화해 자기 채널의 콘셉트도 잡아갈 수 있다. 그리고 이 과정에서 채널의 알고리즘이 잡혀서 잘 되는 채널에 관심도가 높은 사람들과도 연결된다.

하지만 숏폼러의 90%가 이 과정을 지속하지 못한다. 그런데 이 단계가 정말 중요하다. 결국 팔로워 10만이 되어도 계속 영상을 제작해야 하기 때문이다.

다섯 번째 성장 계단: 팔로워 1천 명 모으기

'팔로워 1천 명 모으기'가 첫 번째 관문이다. 1천 명의 팔로워가 모였다는 것은 채널이 인정을 받았다는 것이다. 틱톡, 쇼츠, 릴스, 클립 등 어디서든 좋다. 그리고 30개의 영상을 올리는 과정에서 한 개의 영상의 조회수가 급상승할 것이다. 그리고 그 영상이 다른 영상에도 영향을 주면서 같이 조회수와 팔로워가 증가한다. 그전까지는 조회수가 많이 안 나올 수 있지만 이 과정에서 급상승 영상이 나오게 되면 스스로 재미를 붙이게 된다. 1천 명 이후로는 팔로워가 늘어가는 것이 점점 쉬워진다.

여섯 번째 성장 계단: 팔로워 1만~3만 만들기

1천 명에서 1만 명까지 가는 과정에서 정체기가 한 번쯤 온다. 이

전만큼 조회수와 팔로워가 늘지 않는 경험이다. 이때 멈추면 안 된다. 이 시기에도 일주일에 2~3개의 영상을 계속 올려야 한다. 슬럼프도 오지만 이 시기를 잘 넘겨야 한다. 단거리 달리기처럼 생각하면 안 된다. 이 단계에서 수익 창출의 경험을 하게 된다. 유튜브 쇼츠 수익, 협찬 수익, 광고 수익을 얻을 수 있다.

5만~20만 원의 작은 금액이라도 숏폼 채널로 수익을 얻는 경험이 필요하다. 이 경험이 다음 단계로 넘어가는 포인트가 된다.

일곱 번째 성장 계단: 숏폼 수익화 단계

3만~10만 정도의 팔로워가 모인다. 이때는 수익화 강화 단계이다. 10만~20만 원의 단가에서 100만 원 이상의 광고 수익을 얻을 수 있다. 숏폼 관련 수익도 200만~300만 원이 넘어갈 수 있다.

이 단계에서 자신만의 상품을 런칭하는 것이 좋다. 전자책, 강의, 상품, 서비스를 판매하는 단계이다. 영상 링크와 채널 링크를 통해서 연결될 수 있도록 해야 한다. 광고 수익과 조회수 수익만을 생각하면 변화에 따라서 스트레스를 받는다. 광고가 안 들어와서 스트레스를 받고, 조회수가 안 나와서 스트레스를 받을 수 있다. 하지만 채널과 연결되는 나의 상품이 있다면 스트레스가 적다. 조회수가 1천 회가 나와도 상품이 팔리면 수익이 생기기 때문이다. 나의 상품을 만들어서 수익을 강화하는 단계가 필요하다.

여덟 번째 성장 계단: 팔로워 10만 이상 SNS 초고소득 스킬

숏폼 채널의 팔로워가 10만 명이 넘으면 숏폼 채널 운영에 방향성이 잡혀 있는 상태로 다음 단계를 고민해야 하는 과정이다. 다양한 곳에서 제안 및 협업이 들어온다.

이 단계에서 필요한 것은 사업화이다. 1인 사업자가 되어 온라인 사업을 시작하는 것이다. 온라인 시스템을 만들어서 나의 영상 제작 시간을 줄이거나, 협업을 통해서 숏폼 채널과 비즈니스를 강화하는 단계이다.

이렇게 숏폼 성장 여덟 단계의 과정을 거쳐야 억대 연봉 숏폼러로 성장해 나갈 수 있다고 생각한다. 숏폼 채널 조회수 수익만 생각하면 안 된다. 숏폼 채널을 상품과 서비스를 판매할 수 있는 비즈니스와 연결시켜야 한다. 나도 이런 과정을 겪었고, 숏폼 성장 여덟 단계를 넘어서고 있다. 그래서 각 단계마다 겪는 고민과 문제 해결에 도움을 줄 수 있는 것이다. 각 단계마다 내가 운영하는 〈선가이드〉를 통해 도움을 얻을 수 있다.

최종적으로 숏폼 역피라미드 구조를 만들어야 한다. 이것은 숏폼 크리에이터로 끝나는 것이 아니라 숏폼 비즈니스 형태를 만드는 과정이다. 이 과정이 있어야 억대 연봉의 숏폼러가 될 수 있다. 그리고 단기적인 수익으로 끝나지 않고 장기적인 수익을 얻을 수 있다.

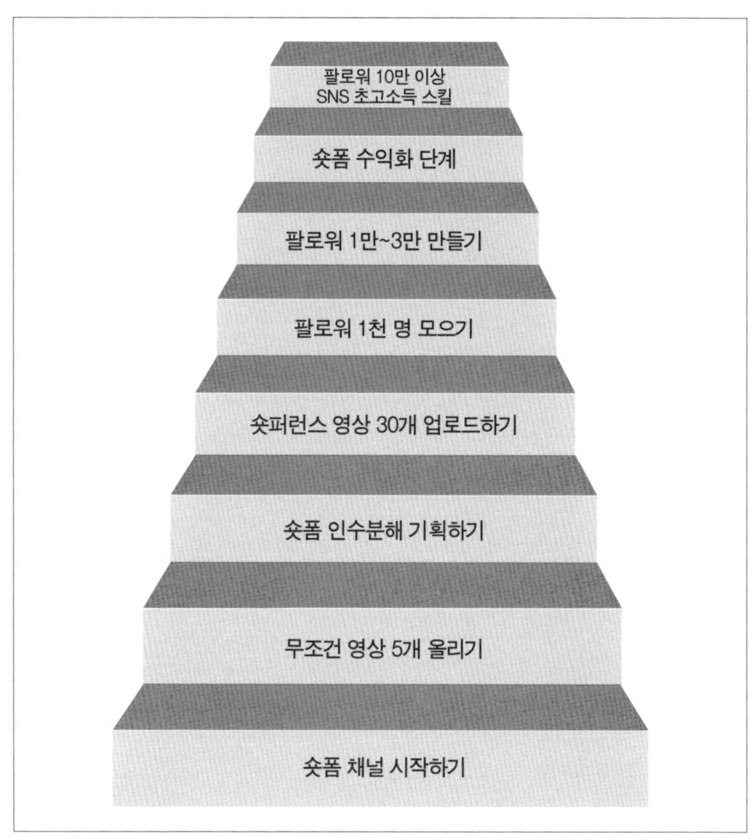

▲ 숏폼 성장 여덟 계단

마지막으로 강조하고 싶은 내용이 있다. 조회수와 팔로워는 지속적으로 우상향하지 않고 파도 모양으로 상승과 하락을 반복하면서 성장한다. 많은 사람들이 조회수와 팔로워의 성장이 없으면 포기하게 된다. 하지만 여기서 멈추면 안 된다. 영상을 계속 올리고 이를 지속해야 한다. 숏폼 채널이 팔로워 10만 명, 100만 명이 되어도 마찬가지이다. 영상을 꾸준히 올리는 것이 기본이 되어야 한다. 나 또한

3~4차례의 '조회수와 팔로워의 하락기'가 있었지만 포기하지 않고 지속했더니 상승기를 다시 가질 수 있게 되었다. 조회수와 팔로워의 숫자에 집착하면 스트레스를 많이 받으니 채널의 방향성과 시청자의 이득을 생각하면서 채널을 계속 키워 나가면 된다. 기회는 이 지점에서 찾아온다는 메시지를 꼭 강조하고 싶다.

숏폼 비즈니스 역피라미드 만들기

숏폼 성장 여덟 계단을 올랐다면, 숏폼 비즈니스 역피라미드 구조를 알아야 한다. 숏폼 비즈니스 역피라미드 구조를 만드는 숏폼러가 억대 연봉 수익을 얻을 수 있다고 생각한다. 지금부터는 숏폼 비즈니스 역피라미드를 만드는 방법을 알려드리고자 한다. 이른바 숏폼 고급화 방법이다.

숏폼으로 단순히 팔로워만 모으는 것은 안 된다. 숏폼 채널 자체로 하나의 사업이 되어야 한다. 사업가의 마인드와 구조를 가져야 한다. 층을 높일수록 난이도가 올라간다. 능력을 키우면서 계속 만들어가야 한다.

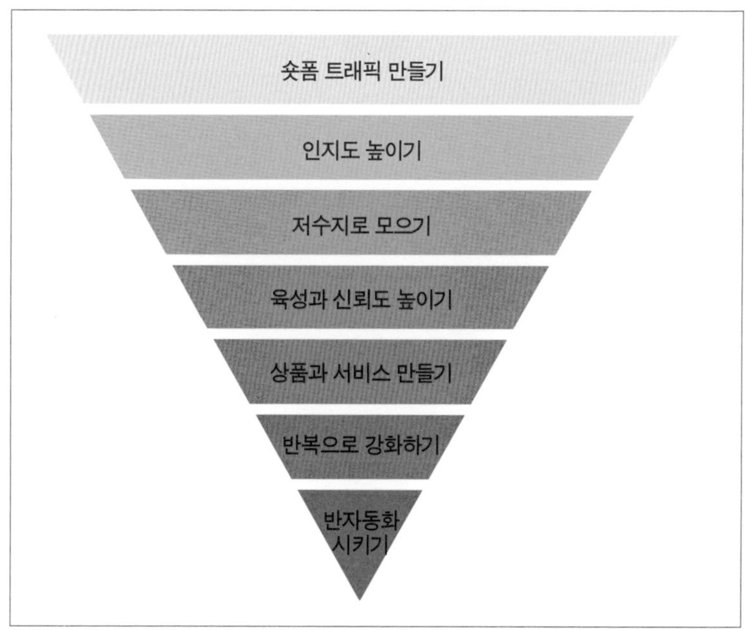

▲ 숏폼 비즈니스 역피라미드 구조

1. 숏폼 트래픽 만들기

숏폼 트랙픽 만들기는 숏폼 영상 조회수를 높이는 것이다. 숏폼 영상으로 사람들에게 자신과 영상을 알리는 것이다. 이것이 첫 번째다. 채널의 주제에 맞는 영상을 올리는 것이다. 그러면 그 영상에 반응하는 사람들에게 추천된다. 해당 영상을 보고 사람들이 모일 수 있도록 하기 위해서는 채널 영상이 30개 이상은 있어야 한다고 생각한다.

〈틱톡맨〉은 틱톡 정보와 트렌드를 중심으로 영상을 만들었다. 숏폼 영상의 조회수를 높이기 위한 방법을 실행했다. 조회수가 많이 나오는 영상을 만들어야만 채널의 팔로워도 증가할 수 있었다. 그리고 지속적인 트래픽을 만들어서 홍보를 할 수 있는 시스템을 만들었다. 100만 회 영상을 50개 이상 제작했다. 총 팔로워는 29만 명이 모였다. 〈틱톡맨〉이라는 채널을 알렸다. 그렇게 모인 팔로워를 기반으로 더 많은 사람들에게 영상을 노출시킬 수 있었다.

2. 인지도 높이기

인지도를 높이는 것은 팔로워를 늘리는 과정과 일치한다. 팔로워 3만~10만까지 모으는 것을 목표로 한다. 숏폼 영상을 반복적으로 보면 시청자도 어느새 그 가치를 느끼고 팔로우한다. 팔로워가 많아질수록 채널의 인지도는 더 높아진다.

인지도를 높이기 위해서는 이득이 되는 영상을 만들어 계속 제공해야 한다. 내가 보았을 때도 도움이 되고 즐거운 영상을 만드는 것이다.

나 또한 인지도를 높이는 작업 위주로 했더니 팔로워 29만 명이 모였다. 〈틱톡맨〉 채널로 줄 수 있는 가치를 강화해서 찐팬들이 많아질 수 있도록 한 것이다. 다시 말해 재미 있는 영상, 흥미로운 영상, 이득을 줄 수 있는 영상을 제작하면서 인지도를 크게 높일 수 있었다.

3. 저수지로 모으기

유튜브, 인스타, 틱톡의 팔로워는 흐르는 강이다. 강 옆으로 새로운 물길을 만들어서 내가 만든 저수지로 모아야 한다. 저수지에 모이는 시청자는 채널에 관심이 있고, 채널을 좋아하는 사람들이다. 한때 인기가 많다가 없어지는 크리에이터들은 저수지가 없었기 때문에 잊혀졌다. 반드시 트래픽을 만들고 물길을 열어서 저수지로 모아야 한다.

저수지는 네이버 카페, 카카오 단톡방이라고 할 수 있다. 이곳은 팔로워들이 일방적인 소통이 아니라 쌍방향의 소통을 할 수 있는 공간이다. 참여자는 스스로 새로운 콘텐츠를 만들고 공유할 수 있다. 반드시 숏폼러가 되어 콘텐츠를 만들지 않아도 소통은 가능하지만, 저수지에 모인 사람들에게 계속 좋은 정보와 혜택을 줄 수 있어야 한다.

내가 숏성사 단톡방과 카페를 개설했을 때 무엇보다도 사람들이 한곳에 모일 수 있는 공간을 조성했다. 이곳에서 최신 정보 공유, 질의응답, 고민 나눔 등 숏폼에 지속적으로 관심 있는 분들이 활동할 수 있는 환경을 만들었다. 일방향이 아니라 쌍방향으로 서로 소통할 수 있도록 한 것이다. 그리고 이곳에서 얻은 정보로 숏폼 채널을 성장시킬 수 있도록 했다.

4. 육성과 신뢰도 높이기

저수지에 모인 분들의 관심도는 레벨 1정도가 될 것이다. 하지만 그 안에서 챌린지, 프로그램 등에 참여하면서 관심도가 레벨 5가 될 수 있도록 만들어야 한다. 그리고 무엇보다 이 공간에서 성장과 도움이 되는 경험을 만들어야 한다.

또한 숏폼러와 팔로워들과 함께하는 접점을 많이 만들고 계속 신뢰도를 쌓아나가야 한다. 모이는 사람들의 관심도가 각각 다르더라도 말이다.

5. 상품과 서비스 만들기

판매할 수 있는 상품과 서비스가 있어야 한다. 이것은 오신 분들이 원하는 것과 일치해야 하며, 그분들에게 지속적으로 전달될 수 있어야 한다. 상품과 서비스를 판매하는 방법으로는 무료로 시험삼아 해보고 유료로 전환하는 방식이 있다.

무엇이든 계속 시도하고 그 안에서 사람들의 욕망과 욕구를 찾아야 한다.

6. 반복으로 강화하기

1~6층의 과정을 계속 반복하면서 내실을 강하게 해야 한다. 빠르게 날림으로 시공한 건물처럼 무너지지 않도록 계속 수리와 기반을 튼튼히 만드는 과정이다. 이러한 과정을 통해 시간이 지나도 유지할 수 있는 힘을 키울 수 있다.

7. 반자동화 시키기

참여자가 1천 명이 넘어가는 규모가 되면 혼자서는 운영하기 힘든 상황이 된다. 이때는 같이 관리할 수 있는 사람을 찾아야 한다. 커뮤니티에서 잘 활동하는 분이나 신뢰도가 높은 분에게 제안한다. 돈, 기회, 영향력을 사람들과 나누어 내가 직접 작업에 관여하는 시간을 줄이는 것이다.

그리고 다음은 직원을 뽑고 사업화를 해야 한다. 여기까지 넘어가야 한다. 개인의 힘만으로는 결국 한계가 있기 마련이기 때문이다.

자, 여러분도 숏폼 성장 여덟 계단와 비즈니스 역피라미드 구조를 구성해보자. 그러면 원하는 삶의 모습을 실현할 수 있는 숏폼러가 될 수 있을 것이다.

롱폼에서 숏폼으로 전환하는 격변의 시기에 기회를 찾아야 한다!

숏폼러는 새롭게 탄생한 직업이다. 나는 요리사, 주차 요원, 뷔페 서빙, 유통 매장 직원 등 다양한 단기 아르바이트와 일을 해보았다. 지금까지 한 일 중에서 숏폼러가 가장 좋은 일이자 직업이라고 생각한다. 내가 하고 싶은 일을 하면서 돈도 벌고, 영향력과 팬도 생긴다. 1분 이하 영상으로 10만 명, 100만 명의 사람들에게 메시지도 전달할 수 있다. 기업들도 회사 숏폼 채널을 만들어 숏폼을 활용할 것이다. 유튜브 채널처럼 말이다.

숏폼으로 높은 팔로워와 수익을 얻으려면 영상을 100개 이상은 만들어야 한다. 100개는 만들어야 기본기와 능력이 쌓인다. 한번에 될 수는 없다. 콘텐츠 제작 재능이 없었던 내가 숏폼으로 성공할 수 있었던 핵심 비법도 바로 이것이었다.

단기적인 수익을 위한 숏폼 채널은 추천하지 않는다. 개인의 흥미와 재능을 고려하지 않은 수익만을 위한 채널이다. 수익이 생긴다고 해도 1년을 넘기기 힘들다. 무엇보다 100개 이상의 영상을 만들기 전에 포기하게 된다.

나는 아직도 유행하는 트렌드를 찾아 숏폼 영상으로 만드는 과정이 재미있다. 새로운 것을 좋아하고 시청자의 반응을 이끌어내는 일에 관심이 많기 때문이다. 그래서 2년 동안 500개 이상의 영상을 제작할 수 있었다. 숏폼 채널 수익이 0원이었던 시절에도 1년간 꾸준히 채널을 운영했다.

더 구체적으로 말하면, 개인의 재능과 관심으로 1인 사업을 시작한다고 생각해보자. 온라인 숏폼 회사를 만들어보는 것이다. 이렇게 생각해보면 좀 더 쉽게 이해할 수 있을 것이다.

5년 후의 숏폼 산업 규모는 지금보다 5배는 더 커질 것이라고 생각한다. 억대 연봉 수익 숏폼러는 지금보다 더 늘어날 것이다. 나의 MBTI는 ENFJ이다. 직관과 미래를 생각하는 N의 성향이 높다. 그래서 사람들이 숏폼에 관심도 없었던 3년 전부터 숏폼을 시작하고 지금의 성과를 만들 수 있었다.

숏폼은 한때의 유행으로 끝나는 것이 아니라 새로운 산업군이 될 것이다. 누구나 숏폼러가 될 수 있는 시대가 올 것이라 생각하기 때문이다. 지금도 초등학생이 스마트폰 하나로 영상을 찍고 편집해서 숏폼러가 되고 있기 때문이다.

유튜버의 수익과 인기를 숏폼러가 뛰어넘을 것이라고 생각한다. 유튜버는 유튜브에서만 영상으로 활동할 수 있지만 숏폼러는 인스타그램, 네이버, 틱톡, 유튜브, 카카오톡, 당근마켓과 같이 다양한 플랫폼에서 활동할 수 있기 때문이다.

마지막으로 독자분들이 숏폼을 바로 시작할 수 있게 동기부여가 될 수 있는 선물을 드리고 싶다. 조회수가 올라가는 '숏폼 추월차선 콘텐츠 기획 과정 및 숏폼 6요소 체크리스트' PDF파일이다. 숏폼 영상를 제작할 때 도움이 되는 템플릿이다.

숏폼 영상 1개를 제작해서 올려보자. 틱톡, 릴스, 쇼츠, 클립 어디든지 좋다. 이미 숏폼 영상을 올리고 있는 분들도 가능하다. 그리고 이 영상의 링크를 숏성사(숏폼으로 성공하는 사람들) 네이버 카페의 [숏폼러 도전] 게시판에 올려주시면 된다. 게시판에 들어가면 올리는 방법과 PDF 파일을 받을 수 있는 설명을 확인하실 수 있을 것이다.

이 책이 여러분의 숏폼 시작과 성공에 좋은 가이드가 되기를 바란다.

부록 1

숏폼을 시작할 때, 가장 많이 묻는 질문 TOP 9

질문 1. 숏폼의 연령대는 어떻게 되나요?

MZ세대인 10~20대가 숏폼을 많이 보고 있습니다. 현재는 30대, 40대, 50대 이상의 연령층으로 확대되고 있습니다. 연령대가 확장되고 있다는 것은 아직 경쟁자가 적다는 것입니다.

숏폼은 10대를 위한 영상이 아닙니다. 전 연령층으로 확장되고 있습니다. 그래서 나이가 많다는 이유로 숏폼 제작을 시작하지 않으면 손해입니다. 20~50대까지 타깃을 확정해 채널을 운영하면 지금과 같은 시기에 더 좋은 반응을 얻을 수 있습니다.

질문 2. 틱톡, 쇼츠, 릴스의 차이점은 무엇인가요?

틱톡은 1세대 숏폼 플랫폼으로 음악, 댄스, 음식, 예능, 스포츠, 일상 등 다양한 주제의 콘텐츠가 있습니다. 챌린지, 라이브 기능이 있으며 틱톡 쇼핑 기능도 한국에 오픈될 것입니다.

유튜브 쇼츠는 유튜브에서 새롭게 시작한 시스템입니다. 기존의 긴 영상에서 짧은 영상만 볼 수 있도록 구성해두었습니다. 쇼츠의 주제는 다양하게 확대되고 있습니다.

인스타그램 릴스는 초기에는 인물 중심의 영상이 많습니다. 춤, 노래, 일상에 대한 부분이 있습니다. 하지만 지금은 노하우, 유머, 애견 등 전 카테고리의 숏폼 영상이 잘되고 있습니다.

틱톡, 쇼츠, 인스타그램은 같은 특징을 가지고 있었는데, 점차 각 플랫폼의 색깔이 다양하게 만들어지고 있습니다. 그리고 인스타그램의 관계 기반 특성이 강화된 플랫폼이라서 팔로워가 어느 정도 있어야 노출이 됩니다. 0부터 시작하기에는 어려운 부분이 있습니다.

2024년 1월 기준 릴스의 알고리즘이 확장되었습니다. 팔로워가 적어도 노출이 되고 있습니다. 엔터 요소 이외의 정보성 콘텐츠에 대한 반응도 잘 나오고 있습니다. 이 3개의 플랫폼은 차이점도 있으나 70%의 공통점이 있다고 생각합니다. 30%는 각 플랫폼마다 차별점이 되는 부분이 강화되고 있습니다. 그래서 숏폼을 시작할 때는 3개의 플랫폼 모두를 운영하는 것을 추천합니다. 처음에는 3개를 동시에 운영하고, 시간이 지나면 가장 반응이 큰 플랫폼만을 집중적으로 키우는 것입니다.

노하우는 간단합니다. 3개의 플랫폼을 운영하고 나의 상품, 서비스, 커뮤니티에 연결되는 1개의 통로를 만드는 것입니다. 결국 한 곳으로 모으는 작업입니다. 그래서 가능성을 열어두고 3개의 플랫폼을 운영해보는 것을 추천합니다. 그리고 네이버 클립도 꼭 해보시길 바랍니다. 네이버가 강력히 밀고 있는 서비스입니다. 네이버 카페, 스토어, 블로그를 연결할 수 있는 핵심 서비스가 될 것이라 예상합니다.

질문 3. 틱톡, 쇼츠, 릴스, 클립 중에서 뭘 먼저 해야 할까요?

'틱톡 → 쇼츠 → 릴스 → 클립' 순서로 추천합니다. 틱톡은 팔로워가 없어도 콘텐츠가 좋으면 노출이 많이 되고, 팔로워가 모입니다. 그리고 그 영상을 쇼츠에 올리고, 다음에 릴스로 올리는 형식으로 운영해주시면 좋습니다.

먼저 틱톡을 추천합니다. 동시에 시작하셔도 좋습니다. 1개의 영상을 만드는 노력으로 3배의 결과를 얻을 수 있어 효율적이기 때문입니다. SNS 플랫폼이 처음이라면 1개부터 시작하시고, SNS 플랫폼에 익숙하다면 동시에 운영하시면 됩니다. 최종적으로 4개의 플랫폼을 다 하는 것이 가장 좋습니다. 다 해주셔야 합니다. 나의 주제가 어떤 플랫폼에 더 잘 맞을지 계속 실험해야 합니다. 4개의 플랫폼에 영상을 올리다 보면 이 중에 잘되는 플랫폼이 나올 것입니다. 이때 1개의 플랫폼에 집중해도 됩니다.

질문 4. 1주일에 몇 개를 올려야 하나요?

매일 1개씩 올려도 좋습니다. 하루에 1개씩 찍기는 어렵습니다. 하루 날을 잡아서 3~5개의 영상을 찍고, 편집 후에 나누어서 올려주시면 됩니다. 1주일에 3~5개의 영상을 올려주시면 적당합니다.

숏폼의 제작 시간은 유튜브 제작 시간보다 짧습니다. 그래서 많은 영상을 올릴 수 있습니다. 그리고 1개의 영상을 업로드하는 것으로 채널 운영에 마이너스가 되는 경우는 없습니다. 많이 찍어서 올릴수록 기회가 늘어납니다. 주의할 점은 내 채널의 브랜딩에 적합한 영상을 올리는 것입니다. 아무것이나 올리면 안 됩니다. 주제, 시청자에 대해 일관성을 가지고 영상을 올려야 합니다. 숏폼 콘텐츠는 양질전환이 좋다고 생각합니다. 양을 먼저 늘리고 질을 높여가는 것입니다.

질문 5. 숏폼 채널명을 어떻게 지어야 할까요?

채널명은 2~4글자로 짧은 것이 좋습니다. 채널명을 보았을 때 채널의 주제를 한번에 알 수 있게끔 표현되는 것이 좋습니다. 다만 채널명을 인터넷에 검색했을 때 다른 이름과 겹치지 않는 것이 좋습니다. 자신이 평소 자주 사용하던 닉네임처럼 가볍게 접근해도 됩니다. 채널명은 언제든 변경할 수 있으니 초반부터 채널명 때문에 걱정할 필요는 없습니다. 하지만 구독자가 5천 명 이상 되었을 때는 채널명을 변경하는 것은 마이너스가 될 수 있습니다.

질문 6. 해시태그는 어떻게 달아야 할까요?

유튜브 쇼츠는 해시태그의 영향을 거의 받지 않습니다. 릴스 또한 많은 영향을 받지는 않습니다. 다만 틱톡은 해시태그의 영향을 어느 정도 받는다고 볼 수 있습니다.

'틱톡 검색란 → 해시태그 → 검색'에 내가 올리려는 주제의 키워드를 검색합니다. 그중에서 조회수가 많은 키워드 3개를 뽑아 조합해서 올려주시면 됩니다.

숏폼 영상의 해시태그는 영향력이 있기 때문에 해시태그를 키워드 검색에 맞추어서 올리는 것은 그 자체로 효과가 있습니다. 이 책의 공략법 8번 '떡상을 만드는 숏폼 트렌드에 올라타기'에서 추천해드린 사이트를 이용해서 키워드를 조사하고 선택하는 것도 효과가 있습니다.

질문 7. 짧은 영상 플랫폼에서 개인정보 유출이 되나요?

쇼츠는 유튜브에서 관리하고 있습니다. 릴스는 인스타그램에서 관리하고 있습니다. 틱톡은 전 세계 플랫폼으로 앱스토어와 플레이스토어에 등록되어 다운로드되고 있습니다. 만약 개인정보 유출과 관련해 큰 문제가 생긴다면 사람들의 이용이 막히게 될 것입니다. 플랫폼이 세계화되는 과정에서 보안 및 정보 부분이 투명해지고 있습니다.

질문 8. 숏폼 영상 저작권은 어떻게 되나요?

숏폼은 아직 초창기여서 저작권 부분이 계속 정립되는 과정 중에 있습니다. 숏폼은 챌린지, 따라하기, 재편집 등으로 바이럴되는 것이 특징입니다. 이것이 다름 아닌 숏폼이 성장할 수 있었던 이유였습니다. 그래서 저작권 보호를 명목으로 모든 콘텐츠를 차단하기는 어렵습니다. 틱톡은 이어 찍기 기능, 영상 병행 기능, 챌린지 등으로 기존의 영상을 활용해서 새로운 콘텐츠를 만들게 해줍니다. 쇼츠도 유튜브 영상을 잘라서 올릴 수 있는 기능이 있습니다. 음악 저작권도 각 플랫폼별로 자체 음원 내에서 저작권 걱정 없이 사용하고 있습니다. 저작권 부분은 플랫폼의 정책과 규정에 맞게 잘 확인하고 진행해주시면 됩니다.

질문 9. 숏폼 MCN 계약을 하면 좋을까요?

MCN은 Multi Channel Network(다중 채널 네트워크)의 약자로 사업 연결, 저작권 관리 등 크리에이터에게 필요한 업무들을 대신하거나 도와주는 형태입니다. 연예인으로 치면 연예 소속사 개념과 비슷합니다. 한마디로 인플루언서의 기획사라고 할 수 있습니다. 주로 광고를 연결해주고 숏폼 관련 정보와 이벤트를 전달해주고 있습니다.

제가 직접 숏폼 MCN에 소속되어서 경험한 바로는 좋은 MCN 회사와 계약하는 것은 여러모로 이롭습니다. 가령 지속적인 브랜디드 광고 제작이 가능합니다. 유튜브, 틱톡, 인스타그램의 회사에서 진행하는 행사 및 고급 정보들은 MCN을 통해 숏폼러들에게 전달되기 때문에 숏폼 제작에 집중할 수 있게 해줍니다. 이처럼 MCN 회사와 숏폼러는 서로에게 밀접하게 영향을 끼칠 수 있는 관계로, 이러한 관계를 잘 활용하면 함께 성장할 수 있습니다.

제가 소속되어 있는 'MCN 순이엔티'의 경우 숏폼러가 만들어내는 트래픽을 수익화하기 위해서 음원 서비스를 제공하는 스냅비츠 서비스를 도입했습니다. 이처럼 MCN은 다양한 숏폼 커머스 활동 지원 및 기획을 통해 숏폼러의 수익 강화를 위해서 지속적인 개발과 도움을 주고 있습니다.

소규모 MCN보다 규모가 있는 MCN 회사를 추천드립니다. 저는 MCN 순이엔티 소속으로 크게 만족하고 있습니다. 저의 채널에 맞는 지속적인 광고를 연결해서 수익을 극대화해주었기 때문입니다. 숏폼 관련 최신 정보와 노하우를 전해주기도 했습니다. 다른 숏폼러와 친해지고 콜라보할 수 있는 기회도 주어졌습니다.

동기부여가 되는 숏폼 성공 사례들

숏폼 그룹 코칭원과 숏성사 크루분들의 숏폼 성공 사례를 생생한 목소리로 담았습니다. 숏폼으로 변화하고 있는 사례를 생생하게 읽고 동기부여가 될 수 있다고 생각됩니다.

• **eonie_coaching(인스타 팔로워 6만)**

안녕하세요, 숏폼으로 인생이 바뀐 어니코칭입니다. 저는 현재 건강식(자연식물식)을 주제로 계정을 운영하고 있습니다. 음식을 통해 질병을 자연 치유했던 저의 경험과 노하우를 바탕으로 건강한 음식과 레시피를 공유해드리고 있습니다. 숏폼러가 되어야겠다고 생각하게 된 계기는 바

eonie_
coaching

로 '퍼스널 브랜딩'이었습니다. 새로 론칭한 식단 코칭 프로그램 모집을 위해서는 우선 저를 알려야 했는데, 이때 가장 파급력이 센 것이 바로 숏폼이었습니다.

숏폼을 하기 전에는 블로그와 인스타그램에 글과 카드 뉴스를 올렸습니다. 하지만 아무리 열심히 콘텐츠를 만들어도 팔로워 300명대에서 좀처럼 늘지 않았습니다. 퍼스널 브랜딩이나 마케팅이 잘되지 않으니 당연히 프로그램 모집에도 어려움이 있었습니다. 프로그램 3기에는 정말 극소수의 사람들만 신청해서 4기를 진행할 수 있을지조차 확실하지 않았습니다. 퇴사한 저에게는 월급에 비해 터무니없이 적은 수입도 큰 스트레스로 다가왔습니다.

이렇게 고전하던 중 우연히 선가이드님을 만나 숏폼에 제대로 도전하게 되었습니다. 선가이드님은 갈피를 잡지 못하던 저에게 핵심적인 조언을 해주셨고, 그 조언에 따라 만든 릴스가 170만 조회수를 찍으면서 단숨에 3만 명 이상의 팔로워를 얻게 되었습니다.

그러나 숏폼으로 제가 얻게 된 것은 단순한 팔로워 숫자 이상의 것이었습니다. 우선 상상도 못할 만큼 많은 분과 연결되어 저를 지지하는 소중한 팬들이 생겼습니다. 그리고 모집이 어려웠던 프로그램은 정원 마감되어 코칭을 계속할 수 있게 되었습니다. 공동 구매도 진행하게 되었는데, 주문 폭주로 불과 3일 만에 월급 이상의 수익을 얻기도 했습니다. 뿐만 아니라 곳곳에서 콜라보와 광고, 협찬 제의가 쏟아졌으며, 공공기관에서 제게 강의 요청을 주셔서 오프라인 강의를 할 기회도 얻었습니다. 수익도, 팔로워도 없었던 제가 숏폼

하나로 이렇게 엄청난 기회를 얻게 된 것입니다.

가장 좋은 것은 숏폼을 통해 좋아하는 일을 원하는 시간에, 원하는 장소에서 자유롭게 할 수 있게 되었다는 것입니다. 지금도 스페인과 포르투갈에서 이 글을 쓰고 있는데, 이렇게 자유롭게 여행하며 일할 수 있는 것도 모두 숏폼 덕분이라고 할 수 있습니다.

앞으로 롱런하는 숏폼러로 꾸준히 숏폼을 만들며 더 많은 분들께 자연식물식을 알리고 싶습니다. 저의 최종 꿈은 만성 피부염으로 고통받으시는 분들을 위한 자연치유센터나 리조트를 짓는 것입니다. 이런 저의 꿈을 이루는 데 숏폼이 큰 역할을 해줄 것을 믿어 의심치 않습니다.

• 살림설렘(유튜브 22만, 인스타 10만, 틱톡 2.8만)

살림설렘

안녕하세요. 유튜버이자 숏폼러인 살림설렘입니다. 처음 시작할 때 우연히 선가이드님의 카페를 알게 되었고 거기서 전자책을 무료로 제공받은 것이 놀라운 나비효과를 불러왔다고 생각합니다.

약 6개월 만에 유튜브 구독자 10만 명을 달성하면서 큰 성장을 이루어낼 수 있었습니다. 특히 '숏폼 영상'은 성장에 아주 큰 도움이 되었고 유튜브뿐만 아니라 인스타그램의 릴스, 틱톡, 페이스북, 스레드 등 다양한 SNS 채널에서 큰 반응을 보이고 있습니다.

숏폼 주제는 다양한 살림 정보와 살림 제품을 다루는 '정보성' 채널입니다. 평소에 요리와 DIY를 좋아하기 때문에 가장 '접근성'이용이한 주제로 선택했습니다. '살림도 즐겁고 설레일 수 있다'라는 콘셉트에 맞춰 개설했습니다. 또한 인트로와 아웃트로 멘트에 "설레고 싶다"를 내뱉으며 시청자에게 브랜딩될 수 있도록 콘셉트를 잡았습니다. 왜냐하면 저는 얼굴을 공개할 용기나 유머러스한 재능이 없었기 때문입니다. 공감대를 일으키고 역으로 살림도 설렐 수 있다는 멘트를 넣어 재치를 유발하는 것을 목적으로 했습니다. 폭발적인 반응까지는 아니었으나 댓글마다 "구독하고 설레게 만들어 드릴게요" "목소리가 좋아 설렜습니다" 등 좋은 시청자 반응을 만들어낼 수 있었습니다.

평소 유튜브와 릴스 그리고 틱톡 시청을 즐기던 저는 자연스레 '숏폼'을 알게 되었습니다. 요즘은 짧은 영상으로도 많은 트래픽과 홍보(브랜딩)가 가능하다는 것을 깨달았습니다. 유튜브를 시작함과 동시에 요즘 트렌디함은 '짧고 강한 영상'이란 것을 파악했습니다. 그렇기 때문에 유튜브의 긴 영상(이하 미드폼 롱폼)과 쇼츠 영상을 병행하기로 설정했고, 역시나 그 전략은 통했습니다.

숏폼을 하기 전의 상황은 좋지 않았습니다, 우선 첫 번째로 유튜브의 긴 영상에 쇼츠 영상의 리소스가 생각보다 많이 들어갔습니다. 이 리소스를 긴 영상만을 만드는 데 낭비하는 것을 고집스레 진행했습니다. 하지만 트렌드가 맞지 않았는지 조회수는 엉망이었고, 좌절감을 느꼈습니다. 두 번째로 트렌드를 반영하지 않아 10~20대 젊은 연령층의 시청자를 확보할 수 없었고, 이는 조회수에도 영향을 미쳤습니다.

숏폼을 하고 난 이후의 변화와 성과는 1분 미만의 짧은 영상으로 인해 촬영, 녹음, 편집, 대본 작성 등에 들어가던 리소스가 확연하게 줄어 시간적 여유가 생기기 시작한 것이었습니다. 즉시 본론으로 시작하는 영상은 시청자들에게 뜨거운 반응을 일으켜 약 한 달 만에 유튜브 구독자 3만 명 이상을 달성하게 되었습니다. 또한 유튜브에서만 사용하던 긴 영상의 경우 인스타, 틱톡 등에는 업로드할 수 없었지만 짧은 영상을 제작하면 모든 SNS채널에 업로드할 수 있어 각 채널의 성장에도 큰 도움이 되었습니다.

2023년 1월 13일 기준으로 유튜브 구독자 12만 명, 인스타그램 4만 명, 틱톡 2.8만 명의 성과를 이뤄냈습니다. 무엇보다 브랜디드 콘텐츠, PPL, 공동구매, 출연 등 외적인 부가 수입 창출도 이루어낼 수 있었습니다.

앞으로 숏폼러로서의 계획과 꿈은 살림 정보를 다루는 만큼 유익하고 정확한 영상을 제작해 다양한 시청자분들께 도움을 드리는 것입니다. 이를 실현하기 위한 첫 번째 목표는 제 브랜드를 널리 알려 커머스 사업과 접목시키는 것입니다. 또한 살림 채널이 아니더라도 목소리를 장점으로 세우는 채널을 시작하려 합니다. 어린 시절 꿈이었던 '성우'가 되는 것은 어렵겠지만 그에 대한 갈망은 어느 정도 해소되지 않을까 싶습니다.

• **민리(인스타 82만, 틱톡 53만, 유튜브 20만)**

민리

안녕하세요. 저는 음악 크리에이터이자 프로듀서 민리입니다. 현재 매쉬업(mashup)과 리믹스(remix)를 중심으로 콘텐츠를 업로드하고 있습니다.

틱톡과 같은 숏폼에서 자주 사용되고 들리는 음악들이 빌보드와 같은 글로벌 대형 차트에 오르고, 숏폼으로 음악을 시작하는 아티스트들이 오프라인에서도 성공하는 사례를 여럿 접하면서 숏폼을 시작하게 되었습니다.

숏폼을 하기 전의 저는 지극히 평범한 음악 프로듀서였습니다. 곡을 잘 프로듀싱하고 좋은 레이블과 계약해 지금까지 많은 곡을 발매했지만 정작 제 곡을 듣고 저를 알아주는 사람들이 많지 않아 좋은 성과를 얻지 못했습니다.

숏폼을 하고 나서도 처음부터 잘 풀리진 않았습니다. 다른 아티스트들이 숏폼을 통해 자신의 콘텐츠에 많은 관심을 불러일으키고 그것이 오프라인의 성공으로까지 이어지는 과정을 1년이 넘는 시간 동안 끊임 없이 연구했습니다.

그러던 중 저에게 가장 큰 변화는 2023년 4월, 숏폼에서 바이럴되어 빌보드 10위까지 올라간 'jvke – golden hour'의 리믹스 영상을 올리면서부터 찾아왔습니다. 제 계정이 지금처럼 커지기 전에 영상을 업로드했었고, 그렇기에 처음 한 달 동안은 제 친구들 외에 댓글을 달거나 관심을 가져주는 사람이 없었습니다. 정말 많은 노력을 기울인 영상이었지만 지속되는 무관심에 영상을 내릴까도 여러 번

고민했습니다.

하지만 정확히 한 달이 지나자 제 영상이 정말 갑자기 조회수가 무섭게 오르기 시작했고(지금 생각해도 신기합니다), 인스타그램에서만 29만 개의 계정이 제 음원을 사용해 영상을 만들었습니다. 음원이 바이럴되자 이 곡을 만든 jvke에게서 직접 연락이 왔고, 제 리믹스를 함께 발매하고 싶다는 의사를 전해왔습니다. 제 목표가 가장 좋아하는 아티스트인 jvke와 함께 곡을 발매하는 것이었기에 지금 생각해도 정말 꿈만 같았던 일이었습니다.

그 외에도 다른 리믹스 영상을 통해 미국의 작은 행사에 초대받기도 했습니다. 최근엔 리믹스가 아닌 매쉬업 컨텐츠가 많은 관심을 받아 가장 바이럴된 영상이 인스타그램에서 각각 3,100만, 2,900만 조회수를 기록했습니다. 이를 통해 여러 유명 아티스트들로부터 자신의 음원을 매쉬업 혹은 리믹스해달라는 요청을 계속해서 받고 있으며, 몇몇 아티스트들은 제 스튜디오에 방문해 같이 영상을 찍기도 했습니다. 이 모든 것은 숏폼이 아니었으면 불가능한 일이었을 것입니다.

처음엔 정말 아무것도 없던 제가 지금은 인스타 82만, 틱톡 76만(계정 2개 합), 유튜브 20만 구독자를 가진 크리에이터이자 아티스트가 되었습니다. 숏폼을 시작하기 전엔 아무도 제 음악을 들어주지 않았는데, 이제는 특별한 홍보를 하지 않아도 제 음악을 들어주고 응원해주는 사람들이 정말 많아졌습니다.

앞으로 숏폼러로서의 계획과 꿈은, 계속해서 숏폼러로 활동하며 지금까지는 유명 아티스트의 곡을 매쉬업하고 리믹스했지만 이제는 제 음악을 더 많이 보여주고 들려주는 것입니다. 실제로 많은 분들이 제 음악을 기대하고 기다리고 계십니다. 제 매쉬업과 리믹스를 많은 분들이 좋아하고 즐겨주셨던 것처럼 앞으로도 제 음악을 통해 많은 분들이 즐겁고 행복했으면 좋겠습니다.

• 맛집남자(유튜브 1.8만, 틱톡 2.1만)

"나의 즐거움이 돈이 된다니!" 잠깐만요! 쇼츠에서 이 멘트를 들어보셨을까요! 제 채널의 시그니처 멘트이자 저의 캐릭터 멘트랍니다.

맛집남자

안녕하세요! 저는 현재 전세계의 신기하고 독특한 맛집을 소개하는 맛집 탐험가 채널 '맛집남자'를 운영하고 있습니다. 음식의 다양한 매력을 시각적으로 표현해 팔로워들과 공유하고자 하는 20대 청년 맛집남자입니다. 다양한 요리와 음식 문화를 탐구하며 맛집 여행을 통해 세계 각지의 특별한 음식을 발견하고 전하는 현지 리포터로 활동중입니다.

제가 숏폼러가 된 계기는 디지털 미디어와 소셜 미디어의 성장을 관찰하면서 시작되었습니다. 단시간에 수많은 유저들을 모은 인스타와 유튜브 그리고 틱톡의 성장은 놀라울 정도였습니다. 거기서 웃고 즐기면서 엄청난 부를 창출하는 다양한 크리에이터를 보고 부러워서 눈물이 날 지경이었기에 저는 고민 없이 이 세계에 뛰어들었습니다. 성공한 크리에이터들을 부러워하기보다는 "제가 직접 구르고 쟁취하자!"라는 마인드로요!

빠르고 강력한 디지털 미디어의 힘은 누구에게나 오픈되어 있고 그것을 잘 다루기만 하면 내 인생의 또 다른 세계를 체험할 수 있다는 게 가장 큰 매력이었습니다. 단순한 일상과 일반적인 노동 너머 나의 취미 생활이 누군가에게 소비되어 수익을 창출할 수 있다는 게 너무나 매력적으로 다가왔으며, 조금씩 성과가 나기 시작했을 땐 그 무엇보다 엄청난 즐거움이 따라왔습니다!

숏폼을 시작하기 전 제 수입은 제한적이었고 일과 생활의 균형을 유지하기 어려웠습니다. 항상 지루하고 반복적인 일상에서 나오는 수익은 저를 자극하기엔 너무 적은 금액이었습니다. 그럴 때마다 단순한 노동만으로는 한계에 부딪힌 느낌이었고, 이 일에 미래가 있을까 생각했습니다.

하지만 숏폼을 시작한 후, 더 이상 단순 노동에 의존하지 않아도 되어 자유로워진 느낌을 받았습니다. 24시간 돌아가는 숏폼 활동을 통해 수입이 증가하면서 노동의 제약에서 벗어나게 되었습니다.

또한 내가 먹고 즐기는 콘텐츠가 나에게 돈을 벌어준다는 것이 너무 신기하고 즐거웠기에 숏폼에 누구보다 더욱 열심히 전념할 수 있었습니다. 이를 통해 다양한 방식으로 돈을 벌 수 있다는 것을 깨닫게 되었고, 내 즐거움이 누군가에게 소비되어 금전적 보상으로 돌아온다는 사실이 때로는 충격 그 자체로 다가왔습니다. 이런 엄청난 시장이 있다니! 규모와 보상이 커질수록 저의 즐거움도 더해졌답니다.

앞으로 구독자/팔로워 100만 숏폼러를 넘어서 글로벌 숏폼러가 되는 것을 꿈꾸고 있습니다. 경제적 자유를 달성하고, 더 많은 사람들에게 맛과 여행의 즐거움을 전달하고 싶습니다. 저 혼자 맛있고 재미있는 걸 즐기는 것이 아닌 모두와 함께 즐기고 싶기에 다양한 이벤트와 행사를 열 것입니다. 훗날 제 이름을 딴 밀키트 회사를 만들고 싶기도 하고요.

하고 싶은 것도 많고 꿈도 많은 20대 청년이지만 숏폼과 함께 하면 이 일이 저의 망상이 아닌 이루어질 꿈이 될 것이라는 사실을 의심치 않습니다. 숏폼 세계의 가능성은 무궁무진하며 엄청난 영향력을 펼칠 수 있습니다. 이렇게 행복하게 일을 할 수 있다는 데 너무 감사드리며, 여러분도 이 엄청난 세계에 얼른 참여하시길 바랍니다!

모두 다 파이팅!

'염블리' 염승환과 함께라면 주식이 쉽고 재미있다

주린이가 가장 알고 싶은 최다질문 TOP 77 ②

염승환 지음 | 값 19,000원

『주린이가 가장 알고 싶은 최다질문 TOP 77』의 후속편이다. 주식 초보자가 꼭 알아야 할 내용이지만 1편에 다 담지 못했던 내용, 개인 투자자들의 질문이 가장 많았던 주제들을 위주로 담았다. 저자는 이 책에 주식 초보자가 꼭 알아야 할 이론과 사례들을 담았지만 주식투자는 결코 이론만으로 되는 것이 아니므로 투자자 개개인이 직접 해보면서 경험을 쌓는 것이 중요함을 특별히 강조하고 있다.

김학주 교수가 들려주는 필승 투자 전략

주식투자는 설렘이다

김학주 지음 | 값 18,000원

우리가 주식투자를 하는 이유는 투자한 돈 이상으로 수익을 얻기 위해서다. 그런데 왜 당신은 늘 투자한 돈을 잃는 걸까? 여의도에서 손꼽히는 최고의 애널리스트로서 펀드매니저부터 최고투자 책임자에 이르기까지 각 분야에서 최고를 달린 김학주 교수가 개인 투자자들을 위한 투자전략서를 냈다. 최고의 애널리스트는 주식시장의 흐름을 과연 어떻게 읽는지, 그리고 어떤 철학과 방법으로 실전투자에 임하는지 이 책을 통해 배울 수 있을 것이다.

미래를 읽고 부의 기회를 잡아라

곽수종 박사의 경제대예측 2024-2028

곽수종 지음 | 값 19,000원

국내 최고 경제학자 곽수종 박사가 세계경제, 특히 미국과 중국 경제의 위기와 기회를 살펴봄으로써 한국경제의 미래를 예측하는 책을 냈다. 미국과 중국경제에 대한 중단기 전망을 토대로 한국경제의 2024~2028년 전망을 시나리오 분석을 통해 설명하고 있는 이 책을 정독해보자. 세계경제가 당면한 현실과 큰 흐름을 살펴봄으로써 경제를 보는 시각이 열리고, 한국경제가 살아남을 해법을 찾을 수 있을 것이다.

인플레이션 시대를 이겨내는 스마트한 투자법

AI도 모르는 부의 비밀

손병택(블랙) 지음 | 값 18,000원

돈 버는 투자에 힘을 실어주는 책이다. 거시경제를 파악하면 수익을 극대화할 수 있는 투자 환경을 알 수 있다. 거시경제의 흐름에 기반해 투자 전략을 제시한 유튜브 '블랙, 쉽게 배우는 재테크'의 운영자 손병택(블랙)이 인플레이션 시대의 투자에 대해 말한다. 이 책은 위기와 기회가 모두 공존해 있는 지금의 상황에서 현재와 미래의 투자에 고민 중인 사람들에게 성공적인 투자전략을 제시한다.

나의 꿈 부자 할머니

박지수 지음 | 값 17,000원

안정된 부를 일구고 많은 사람들에게 선한 영향력을 끼치는 노년의 모습은 누구나 꿈꾸는 미래다. 그런 노년을 위해 나는 지금 어떤 준비를 하고 있는가? 이 책은 평범한 워킹맘인 주인공 지윤이 이웃의 부자 할머니 정여사와의 대화를 통해 경제를 보는 관점을 배우고 돈에 대한 개념을 새롭게 하며 성장해가는 경제소설이다. 부자 할머니가 알려주는 실전 투자법과 철학을 체화한다면 당신도 미래에 '부자 할머니'가 될 수 있을 것이다.

나는 한 달에 1천만 원 월세로 경제적 자유를 누린다

나의 꿈 월천족

정일교 지음 | 값 17,000원

이 책은 저자가 다가구주택 신축으로 어떻게 경제적 자유를 이루었는지를 보여주는 실천서다. 저자는 최소한의 종잣돈으로 월 1천만 원의 현금흐름을 만드는 비법을 가감 없이 공개한다. 잠자는 동안에도 현금이 들어오는 파이프라인을 구축하는 방법이 궁금한가? 저자가 친절하고 상세하게 공개한 수익형 자산투자와 현금흐름 창출을 위한 비법을 통해 돈과 시간으로부터 자유로워지는 법을 배우고 실천할 수 있을 것이다.

박병률 기자의 OTT 경제학

OTT로 쉽게 배우는 경제 수업

박병률 지음 | 값 19,800원

국내 최고 경제 교양서 저자인 박병률 기자가 흥미진진한 OTT 콘텐츠들을 통해 어려운 경제개념을 친절하게 해설한다. OTT 콘텐츠 속 인물과 장면을 통해 경제 이야기를 쉽고 재미있게 술술 풀어내며, 우리가 사는 세상을 경제적 관점에서 바라보고 이해하게끔 도와준다. 경제에 대한 배경지식이 전혀 없는 이른바 '경알못'들도 우리에게 매우 익숙한 OTT 콘텐츠를 통해 경제의 핵심 개념들을 하나둘 알아가게 되고, 더 나아가 경제에 대한 지적 호기심을 더욱 지피게 될 것이다.

경제를 알면 투자 시계가 보인다

부의 흐름은 반복된다

최진호 지음 | 값 17,500원

이 책은 증권사와 은행의 이코노미스트로 일해온 저자가 금융시장의 숫자들이 알려주는 의미에 대해 끊임없이 고민한 경험을 바탕으로 최대한 이해하기 쉽게 경기흐름 읽는 법을 알려주는 책이다. 시장경제체제를 살아가는 현대인들은 필수적으로 경기흐름을 읽을 줄 알아야 한다. 이 책을 통해 핵심적인 이론부터 투자 접근 방식까지, 나만의 '투자 시계'를 발견할 수 있는 기회가 될 것이다.

한국의 경제리더 곽수종 박사의 경제강의노트

혼돈의 시대, 경제의 미래

곽수종 지음 | 값 16,000원

코로나19 팬데믹으로 인해 어떤 개인과 기업들은 부자가 될 기회를 맞이한 반면, 누군가는 위기를 맞았다. 마찬가지로 국가도 무한경쟁 시대를 맞이하게 되었다. 이 책은 시대의 역동성을 이해하는 법과 대한민국이 앞으로 나아갈 길을 경제·인문학적으로 분석한 책이다. 글로벌 질서 전환의 시대에 대한민국의 현재 좌표는 물론 기업과 개개인이 나아가야 할 방향을 이해하며 경쟁력을 갖추는 데 이 책이 도움이 될 것이다.

넥스트 노멀 시대의 경제와 금융의 미래

앞으로 10년, 세상을 바꿀 거대한 변화 7가지

임동민 지음 | 값 16,000원

저자는 평소 세계 석학들과 투자 구루들의 어깨 위에 올라타 멀리 내다보는 노력을 꾸준히 해왔다. 그 결과물인 이 책은 미래 사회전망에 대한 근거를 설득력 있게 제시한다. 세계 주요국들의 정부 정책 변화 히스토리나 지금까지 진행된 경제 현상에 대한 세계 석학들의 분석 등을 총망라했다. 친절한 설명과 입체적인 분석을 통해 독자들은 책의 내용을 쉽게 이해하고, 자신만의 미래관을 세울 수 있을 것이다.

밀레니얼 주식투자 지침서

주식의 시대, 밀레니얼이 온다

한국경제신문 증권부 지음 | 값 17,000원

이 책은 특별히 개인투자자 중에서도 급부상하고 있는 밀레니얼 투자자들에 주목한다. 한국경제신문 증권부 기자들이 밀레니얼 세대의 성공적인 투자를 돕기 위해, 젊은 투자자들의 생생한 경험담과 노하우, 국내 전설적 투자자들의 조언, 증권업계의 실무 간부들이 들려주는 실천적 지침을 책에 담았다. 자산을 불리기 위한 장기 투자 레이스의 시작점에 선 밀레니얼이라면 반드시 명심해야 할 귀중한 메시지들이 가득한 책이다.

기술이 경제를 이끄는 시대의 투자법

테크노믹스 시대의 부의 지도

박상현·고태봉 지음 | 값 17,000원

테크노믹스란 기술이 경제를 이끄는 새로운 경제적 패러다임이다. 이 책은 사람들의 일상과 경제의 흐름을 완전히 바꿔놓은 코로나 팬데믹 현상을 계기로, 테크노믹스 시대를 전망하고 이를 투자적 관점으로 바라보는 내용을 담고 있다. 현 시대의 흐름을 하나의 경제적 변곡점으로 바라보며 최종적으로 미래의 부가 움직일 길목에 대해 진지하게 고민한 흔적이 담긴 이 책을 통해 투자에 대한 통찰력을 얻을 수 있을 것이다.

■ 독자 여러분의 소중한 원고를 기다립니다

메이트북스는 독자 여러분의 소중한 원고를 기다리고 있습니다. 집필을 끝냈거나 집필중인 원고가 있으신 분은 khg0109@hanmail.net으로 원고의 간단한 기획의도와 개요, 연락처 등과 함께 보내주시면 최대한 빨리 검토한 후에 연락드리겠습니다. 머뭇거리지 마시고 언제라도 메이트북스의 문을 두드리시면 반갑게 맞이하겠습니다.

■ 메이트북스 SNS는 보물창고입니다

메이트북스 홈페이지 www.matebooks.co.kr

책에 대한 칼럼 및 신간정보, 베스트셀러 및 스테디셀러 정보뿐만 아니라 저자의 인터뷰 및 책 소개 동영상을 보실 수 있습니다.

메이트북스 유튜브 bit.ly/2qXrcUb

활발하게 업로드되는 저자의 인터뷰, 책 소개 동영상을 통해 책에서는 접할 수 없었던 입체적인 정보들을 경험하실 수 있습니다.

메이트북스 블로그 blog.naver.com/1n1media

1분 전문가 칼럼, 화제의 책, 화제의 동영상 등 독자 여러분을 위해 다양한 콘텐츠를 매일 올리고 있습니다.

메이트북스 네이버 포스트 post.naver.com/1n1media

도서 내용을 재구성해 만든 블로그형, 카드뉴스형 포스트를 통해 유익하고 통찰력 있는 정보들을 경험하실 수 있습니다.

STEP 1. 네이버 검색창 옆의 카메라 모양 아이콘을 누르세요. STEP 2. 스마트렌즈를 통해 각 QR코드를 스캔하시면 됩니다. STEP 3. 팝업창을 누르시면 메이트북스의 SNS가 나옵니다.